丟掉課本之後 學習才真正開始

啟動學習的9大關鍵字

吳緯中、馬嶔 合著

PTS教育九大關鍵字手繪書籍發想圖

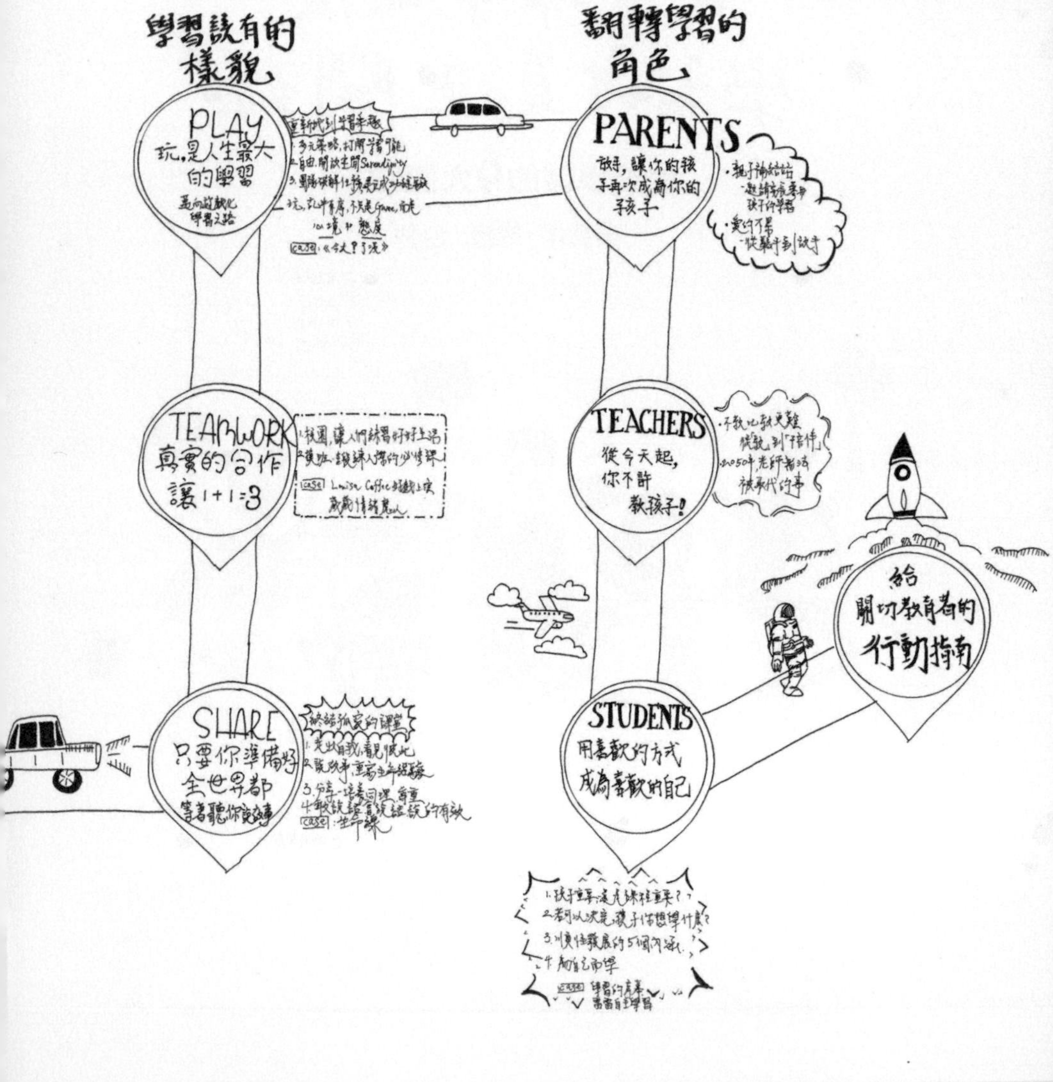

2019 年初，在寫書初期，完成了兩篇文章後，就發現腦中的資訊龐雜紛亂，不知要從哪裡下筆，於是我和三年級的學生雅因透過圖像敘事，將整本書的架構以一條曲折的道路為寓意，從步行、腳踏車、汽車、飛機、太空梭，鋪陳出邏輯和關鍵字，讓後續的進度撥雲見日。（吳緯中）

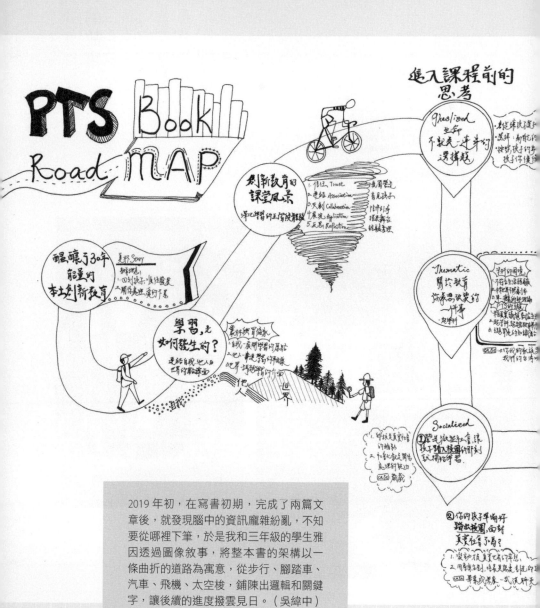

關於開平──創辦人的故事

談到PTS教育，如果要回到最原初的起點，就得從一條皮帶、一個花瓶和一位男孩說起，那位男孩名叫夏惠汶……

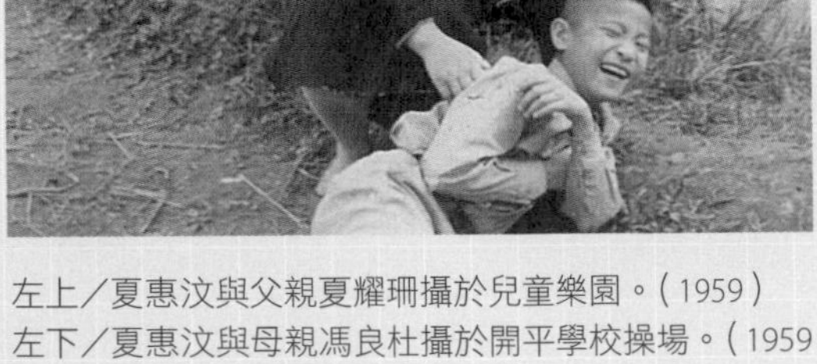

夏惠汶與家人合照於開平校園。（1959）

左上／夏惠汶與父親夏耀珊攝於兒童樂園。（1959）
左下／夏惠汶與母親馮良杜攝於開平學校操場。（1959）

關於開平——後來的故事

從三十年前，在全台灣仍籠罩在傳統教育的大環境下，人稱「夏杯」的夏惠汶就已經開始默默進行教育顛覆性的革命了。他曾說過：「我要辦一所『愛得不累，讓愛流動』的學校。在這所學校中，孩子能順性發展，找到自己的目標和夢想，放手做自己所愛的事。」

右上
夏惠汶透過「問一個好問題」讓親師生之間的能量流動。（2015.01，學生黃睿琳）

左上
每年寒暑假，夏惠汶透過全校教師培訓分享理念並示範教學策略。（2015.07）

左下
開平與美國廚藝聯盟合作辦理「青年餐飲教育發展公益慈善晚會」。（2015.04）

PTS教育的學習體驗

PTS教育的學習體驗共有五個步驟：信任、連結、共創、展現、反思。走過這樣的學習體驗，有如經歷了一場內在與外在的龍捲風洗禮，每一步驟就像從地面急速升起一環又一環向上的溫暖風暴氣流，從信任開始，以反思為終，不斷迴旋上揚的學習進程。

信任

信任是一種迷人的教學循環，教師信任孩子，孩子也回饋以信任，自在展現自己。（2019.09，學生黃羿璇）

連結

剛開學，帶著孩子們玩飛舞動力繩活動，讓孩子體會沒有人可以脫離他人存在。（2020.11，學生黃品諺）

共創

透過陪伴引導，教師和學生站在一起，共同建構知識的想像，探索未知的答案。(2020.04)

展現

藉著搭建舞台，量身定做學生的展現方式，讓資質不同的孩子能有多元展現亮點的機會。
(2020.01，學生廖婕伃)

反思

課程尾聲，老師帶著孩子們經驗整理，反思可以將哪些經驗帶往下一個學習階段。
(2019.05，教師蘇珮嘉)

愛得不累，讓愛流動

當我想起自己多年前，驀然踏入了這所學校，順著這波教育改革的浪潮疾流向前，遇見了一位位願意和學生建立關係，並花時間陪伴孩子，與他們對話的老師們。在我們長年辛勤的耕耘下，我才有機會書寫這一同構築的教育家業。這本書，便是我和馬嶔老師數年合作的心血結晶。她是我的導師，從我踏入教育界起，就一步步陪伴、指引我，讓理想主義的我有機會落地生根。（吳緯中）

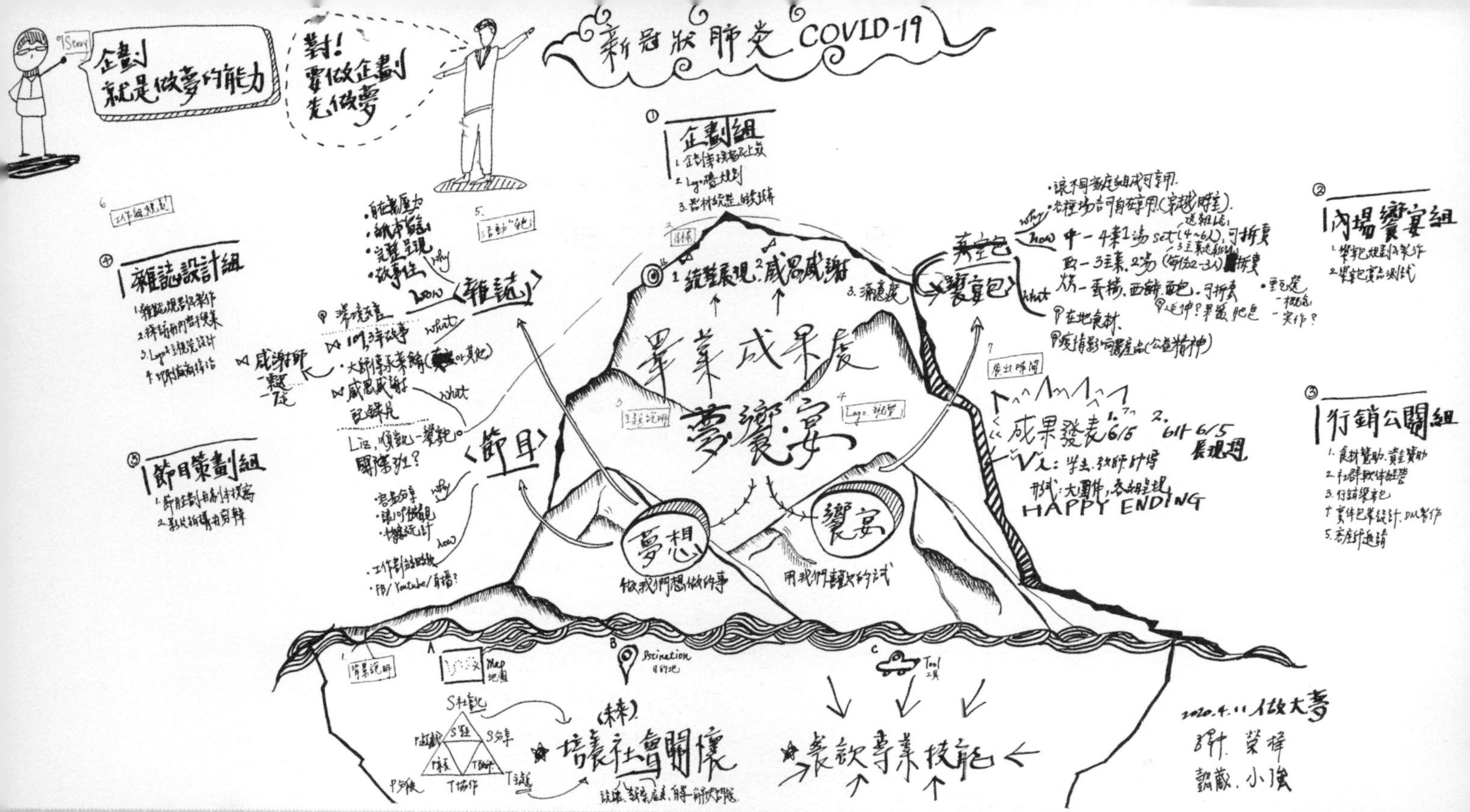

這幅長卷，就是我和孩子們所做的「夢」，我們以圖像完整呈現想做的事：冰山之上，是此次成果展想展現、創造的具體展出形式；冰山之下，是我們三年來吸收的養分，和畢展想要傳達的內涵與理念。（吳緯中）

目錄

Part 2

Part 3

推薦序

只要有人存在的地方，這個教育就走得通！

夏惠汶／PTS教育創辦人、台灣彼得思創新教育學會理事長

在我從讀初中開始，就覺得學習是件痛苦的事。那時候同學之間流行一句諷刺的話：「人生幾何又幾何，學了幾何又幾何？」我常不明白學習這些學科的用意是什麼，通常得到的答案是：先好好學，長大就知道了。

於是，在那段艱難的成長過程，我反覆地問自己：「為什麼學得這麼痛苦，為什麼不能早點讓我們知道，學了有什麼用？」

這個問題一直埋在我心中，我許願將來有機會能夠幫助以後的人，讓學習不要這麼痛苦，如果清楚知道學了有什麼用，一定更想去學。

我大學建築系畢業以後，就從事建築工作，四十多年前有個機會，開平邀請我，問我是否有意願擔任夜間部建築製圖科的老師。我想起了以前的許願，反正也

不影響我白天的工作，於是欣然接受。開課時，我先讓孩子知道學習建築製圖這門課的目的是什麼，對未來從事這個行業的幫助是什麼。我在教導建築製圖的課程時，不強迫孩子用我教授的方式學習，而讓孩子用自己的步調與方式學習，只要達到同樣的目標都可以。到現在有很多孩子長大了回來看我，他們都已事業有成，我也很欣慰。

於是我決定以後有機會，我想推廣這樣的教育方法。因緣際會，十多年後我擔任開平校長，有了前面的經驗，我更相信嚴管勤教、只是服從，對某些有想法的孩子來說，會造成「為學而學」，並且打擊學習熱忱。在不斷的摸索中，我們發展出了一套教育模式，以主題教學為主，找到社會需要、學生又有興趣的主題，並和社會脈絡連結。然而當時遇到最大的問題，就是家長無法理解，老師不能接受丟掉統一教科書，我們便開始思考，將家長視為教育的合夥人，共同培育孩子。老師將教科書的內容融入主題中，這不是一蹴而成，必須分階段、漸進式地完成。因此，發展出與社會的需求連結，由小到大的主題式教學，也就是現在的PTS教育。

從後見之明回溯歷史來看，如今一〇八課綱、十二年國教的改革與實驗教育的蓬勃發展，鬆綁與解構傳統教育似乎是未來的必然，但在三十年前卻是荒腔走板的叛逆之路。

台灣透過改革發展出十二年國教的一〇八課綱，但似乎仍然不能全面趕上世界的浪潮，於是政府再立法放手民間發展實驗教育。

不過，結構、框架雖然已經立法鬆綁，但在新結構體制內的第一線工作人員，傳統的價值觀已根深蒂固，就如同新瓶裝舊酒，不是一朝一夕可以立刻改變的，那需要不斷地摸索、磨合、創造、突破的歷程，因為說到和做到，是最遙遠的距離。而開平用了三十多年歷經了這樣困難的歷程，也很願意分享摸索過程中的煎熬、困境與突破後的愉悅。包含教師價值觀的衝突與家長磨合的困難，從半信半疑到願意嘗試合作，最後看見孩子的改變，積極主動的學習，也讓家長倍感溫馨，教師更有信心。這些過程不容易訴說，點滴在心頭。吳緯中和馬嶔從眾多相似性高的故事中找出最具代表性的故事，並用深入淺出的方式，來描述發展的過程。

各位讀者不要只看故事的有趣，也要看到故事背後有多少的心酸、煎熬、擔心、堅持。當然，我們這麼做並非憑空的想像，而是融合了東西方的理論，有扎實、豐厚的根據。在西方，我們引用了後現代理論中的德希達（Jacques Derrida）、傅柯（Michel Foucault）、社會建構論；在東方，我們引用了《易經》和老莊的思維，二者融合後，發展出關係動力學，也成為了PTS教育的核心理念，若讀者有興趣，這也另有專書詳細說明。

PTS教育在台灣的第一個實踐基地是開平餐飲學校，過去幾年在中國上海的PICH學院，於在地的文化中，依然能透過PTS教育，成為上海地區的模板學校。甚至於美國Josie Paul的實驗學校，也能透過PTS教育為在地的學生開啟學習的多元可能。

PTS教育不只縮限於餐飲，可以在任何領域、任何類型、任何年齡層，甚至任何文化中實踐，只要是有人的地方，它都能順應、融入，因為它符合順性發展，關注人的脈絡；它尊重人，尊重人可以長得不一樣。

希望這本書對正在嘗試改變的老師能更有信心，也對擔心、憂慮的家長們有幫助。

推薦序

讓愛流動的教育故事

須文蔚／詩人、台灣師範大學國文學系教授

二〇〇五年春夏之交，馬嶔老師邀我參加開平餐飲學校的拜師大典，在餐飲界赫赫有名的大廚師端坐台上，學生們已經忙了許久，準備活動的料理，布置會場，接待賓客。在典禮上，看見孩子們遵循古禮，叩首拜師，從師傅手上領到證書，原來「師承」二字，不僅是師長技藝的傳承，更是孩子為自己的生涯提出的鄭重承諾。

忙進忙出的馬嶔是東華中文系畢業的優秀學生，第一年進入開平餐飲學校時，常和我分享初到職場的衝擊，我好奇問過她：「新任國文老師都開些什麼課？」

「都和餐飲的應用有關喔！」

「飲食文學嗎？」

「不是，閱讀有關餐桌布置的美學相關的文章。」

這引發了我的好奇：「有這樣的課本嗎？」

「我們學校是沒有課本的！」馬嶔露出了微笑。

「老師不就很辛苦？要自己編教材，還要說服同學閱讀。」

「我們不說服同學，老師和學生協商與討論，自己決定要讀些什麼。」

看我滿臉疑惑，很想讓我認識開平餐飲學校的創意教學理念，馬嶔約了我參加拜師大典，也品嚐學生烹調的美食，聽學生分享他們的故事，原本嚮往著電視上大廚師的風光，就學後出入廚房，手上有著刀傷或燙傷，但懷抱著學習到名廚料理祕訣的熱誠，堅持反覆練習與操作，忍受疼痛與疲倦，才不到十八歲，個個就都能展現出精湛的廚藝。

那一個夜晚在味蕾上的衝擊，並不僅止於味覺，而是讓我體會到：在技職科學生身上，如果能經過革命性的教育理念提點，提升學生自主學習的意願，身體力行，嚴格培訓，從思考到行動上都會有著驚人的改變與成就。

二〇一四年我和曾文娟總編輯一同企劃《烹調記憶：做一道家常菜》一書，希望透過報導文學的筆法，記錄五湖四海來到海島的十位名人，為台灣人追回舌尖上最原初的「家之味」，找回純樸又動人的家族記憶。多年前拜師大典的感動令人難忘，我堅持採訪開平餐飲學校創辦人夏惠汶，聆聽他浪子回頭的故事，領教他拋開教科書的實驗教育理念。讓人印象最深的是，他堅持家長要和學生一起成長，從新生訓練開始，家長要認識這所學校的理念，也必須一路陪伴孩子。對於這麼動人的課程，讓我感受到滿滿的「愛」，於是我不經意說出：「您真是重視愛的教育！」

「我害怕愛的教育！」夏惠汶正色說：「特別是當愛得深，愛又凝固不流動，經常會造成學生更大的傷害。」

看到我一時不知如何回應，夏惠汶解釋道，在他的教育理念中，希望老師和家長拉出一條界線，絕對要關愛學生，但不是片面要求與過分期望，真正的愛是和學生溝通共同可行的課程與做法，讓學生自身長出力量，能夠在社會化的情境下成長，能夠更有力量去面對人生的困境。因此夏惠汶的教育哲學中，愛的能量是流動的，不是單向的，當學生感覺到愛，他不是找到幫手，他仍然要用自己的方法去面對問題與挑戰，以成就回應老師和家長。

記得那年夏天，書中蒐錄十道名人傳授的家常菜，悉數還原，在新書發表會端上桌。馬嶔與師傅們帶領學生，在開平的主廚之家中餐廳的廚房，一道一道烹煮，更讓我見識到，一堂美妙的國文課就在發表會上展現。幾位同學在十道菜外加碼，也端上自家的家常菜，不只料理，還說出自家的家族故事，一年級的鄭婷恩失去了母親與阿嬤，當廚師的爸爸每逢思親的時刻，會進廚房默默燜煮婆媳二人都擅長的滷白菜，所以當婷恩有機會進入餐飲學校，她就一直期待自己能夠傳承這道充滿感情的菜餚。聽著學生們輪番上台，說出動人的故事，相信如是生動的作文題目打動了小廚師們，也讓他們能以充滿感性的聲音道出歲月中溫暖的記憶。

當馬嶔將與吳緯中老師共同書寫的《丟掉課本之後，學習才真正開始——啟動學習的9大關鍵字》寄來，翻讀兩位歸納出PTS教育的理念、實踐與生命故事，更體系化理解，原來參與這場教育改革的主角不再是校長和官員，而是家長（Parents）、教師（Teachers）與學生（Students），這三位一體的教育共同體循著兩條路徑革新：一方面，藉由分段（Phaslized）、主題（Thematic）與社會化（Socialized），劃定界線，讓老師、學生與家長一同思索，讓不同程度的學生找到適合的學習題目，做中學，學會帶著走的能力。一方面，在教學活動上不是單向的灌輸與考試，而是以遊戲（Play）、協作（Teamwork）與分享（Share），開發無窮無盡可以帶動學生學習動機的教學活動。

馬嶔累積將近十七年來開發與實踐ＰＴＳ教育的經驗，加以理論化與條理化，形成了本書的論述架構；吳緯中則以感性的筆觸，把ＰＴＳ教育實踐的生命故事，一一融合在前衛與創新的理念中。這麼情理均衡的書寫，讓我充分體會了在拜師大典與《烹調記憶：做一道家常菜》一書中，開平餐飲學校讓人感受到的美好與衝擊，其來有自，是一股讓愛流動起來的教育新思潮。

推薦序

點燃學習動機的武功祕笈

李偉文／作家

「愛得不累，讓愛流動的學校」，這是ＰＴＳ教育創辦人夏惠汶辦學的起心動念，這句乍看之下有點奇怪的話，點出了從親子互動到教育現場的盲點，往往父母師長「恨鐵不成鋼」的要求與期待，孩子在情緒當下感受到的不是愛，而是那個「恨」，雖然父母愛孩子似乎天經地義，但是溝通的障礙阻絕了愛的流動。

那麼什麼是「ＰＴＳ」呢？在創新教育有如雨後春筍百家爭鳴的時代，它又如何能讓愛再度流動？讓彼此的愛不會形成傷害？如何讓放棄學習的孩子重拾信心與動機？這個在台灣已實踐了三十年的教育理念與方法，這本書有完整的案例與操作方法；而且經歷三十年的實踐，是禁得起考驗，且具有實證成效的教育模式。

我從小是個很能適應傳統教育制度的學生，是填鴨式背誦與考試下的優勝者，在過往的時代也因此擁有了某些優勢，但是隨著成立關心兒童自然教育的荒野保護協會及雙胞胎女兒的出生，這二十多年來我不斷思索著在時代變遷下，尤其近年的無線上網與ＡＩ人工智慧的出現，徹底改變了生活樣貌與學習方式，我們該如何讓孩子具備適應當下社會與面對未來挑戰的能力？顯然傳統的教育方式是行不通的。

反省自己進入社會用得到的能力，幾乎全都是在社團裡學到的，沒有一樣是在課堂上老師所教的，死背強記的課文與反覆練習的題目，也在考試後立刻就忘記了，而且也從來沒有再回憶起或運用過。當然，當年是沒有電腦也沒有網路的時代，所以知識記憶某種程度有其必要性，但是在無線上網、知識唾手可得的時代，知識的價值恐怕得重新定義，再加上愈來愈厲害的ＡＩ人工智慧，每個家長恐怕必須重新建構對教育、對學習的想像。

這些年來我幾乎到遍台灣所有角落演講，從都會到偏鄉，看到許多在第一線努力的教師，為喪失學習動機的孩子而憂心，但是似乎也找不到什麼有效的方法，當然，有更多家長為了放棄學習的孩子煩惱得不知該如何是好。因此，如何點燃孩子的學習動機是我多年來非常關心的主題，所以當我看到這本書非常開心，因為ＰＴＳ教育，簡直就是專門用來解決這個困境的處方。

我非常同意夏創辦人說的：「從今天起，你不許教孩子。如果學生都沒有準備要學，為什麼你要教他呢？」或許教育可以用「買賣」這麼庸俗的行為來比喻，買賣之所以成立，是有人賣，也要有人買，才算完成了一個交易。今天我們教育孩子，當然不是把課教完就算完成，而要看學生有沒有準備要學，有沒有接收到或學會，才能算完成一場有效的教學。因此，PTS主張，老師的任務不是教，而是營造學習的氛圍，當學生不想學的時候，老師要透過對話與陪伴，想辦法「引誘」他。

的確，當一個人真正自己願意學時，就會長出力量與找到方法。多年來傳統教育現場也體會到，當孩子放棄學習時，不是因為不想學，而是大人把學習變得無聊、僵化、令人窒息。這個道理人人都知道，也人人都同意，但是難就難在如何把學習變得有趣，以及讓孩子體會到學習的意義。因此，在談教材教案之前，最重要的是我們要瞭解學習是如何發生的？如何協助孩子瞭解自己，察覺自己的情緒和感受，找到每個人獨特的渴望與驅動力，然後才能設定自己的學習目標與步驟，並透過專案學習與人合作互動中，像打怪闖關般，一級一級增進自己的實力。

去年開始實施的一〇八課綱在高中這個階段有很大的變革，其中最重要的是讓學習的選擇權還給學生，很多師長擔心他們在人生中不會選擇，但是假如學生從小被安排，不需要選擇，當然也就不會選擇，這也是他們必須學會的課題，更是我們必須給他們的學習機會。這本書介紹的PTS教育，正是一〇八課綱的實踐範例，值得每個關心教育，關心孩子未來的家長與老師參考，它可以說是點燃孩子學習動機的武功祕笈。

推薦文

甘道夫的辦學理念

鄭同僚／政大教育系副教授、台灣實驗教育推動中心計畫主持人

開平餐飲學校在台北市復興南路巷子裡，學校在一邊，附設的實習餐廳在對面，一般人要走進開平餐廳很容易，付錢點餐即可，但要走進學校，可不是那麼簡單。

過去兩年，每年大約有六百個人報名想入學，但開平只收三百人；不僅如此，孩子要到開平就學，家長還被要求得參加名為「親子補給站」的三個整天家長培訓營。過了這兩關，才有資格付學費。

在少子化，學校求學生的時代，開平辦學憑什麼可以這麼有個性？

我認識開平創辦人夏惠汶「夏杯」多年，他滿頭華髮，身著唐裝，像《魔戒》裡的白袍巫師甘道夫，永遠帶著篤定溫暖的真誠微笑。他帶領一群年輕老師，完全放下傳統教育體制裡掌控孩子權力的魔戒，讓孩子透過自主學習，自主管理，成為一個有自信的人，創造了「開平現象」。

本書的作者吳緯中和馬嶔也都是我認識多年的朋友，他們一直是開平重要的現場實踐老師，伴隨夏杯多年，深度參與開平的轉變。他們毫不藏私，把夏杯這位「開平廿道夫」的辦學理念，清楚寫在書裡，公開他們不需要統一的教科書、不需要威權，憑著等待和陪伴，依然可以把最難馴服的青少年轉化為自信青年的開平祕密。

這本書裡有動人的故事，也有很專業的教學理念和做法，值得所有老師和家長買來看，從輕鬆閱讀中，可以看到希望，長出力量。

推薦文

一本看得真過癮的理論書

黃志順／台北市和平實驗國民小學校長

一睹為快《丟掉課本之後，學習才真正開始：啟動學習的9大關鍵字》，這本梳理鋪陳PTS理論的書，大呼暢快，一口氣就把整本讀完。放下書，突然驚覺：「咦，這不是一本在論述PTS理論的書嗎，怎麼會這麼好看？」讀起來真的過癮十足。

後來我想通了一件事情。原來，我辦學、當老師的經驗，正與開平餐飲老師們不謀而合。兩位作者吳緯中與馬嶔，以及開平最關鍵的靈魂人物，夏杯——夏惠汶創辦人，他們的「信奉的理論」（espoused theory）和「使用理論」（theory-in-use）完全吻合。用最白話的講法：開平的老師們就是表裡如一，面對孩子與自己，真摯誠實。

我不是從媒體或書籍認識開平、理解PTS，而是通過與開平老師們的相處、對話、互動、參與，看見開平在台灣教育改革與創新實踐脈絡裡，所堅持的價值、駕馭的理念。辨學、當老師，不是用說的，而是以三十年的歲月，貫徹落實在師生之間、親師之間的每個關係與細節當中。

這個閱讀經驗讓我想起了克利斯・阿吉利斯（Chris Argyris）與唐納德・熊恩（Donald A. Schön）建構的行動科學（Action Science），視行動者為一個介入者（interventionist）。老師對孩子來說，正是行動科學中典型的範例。吳緯中與馬嶔合寫的這本書，呼應了行動科學對於知識的看法：「知識的設計一定要顧及心靈」、「知識的生產不只為了達成既定目標，更應和目標如何被形成有關」，以及「知識必須考量倫理規範及範疇，以深具反省力」。

書裡有句話：「當教師允許孩子的學習有開放的空間和彈性時，他們就有機會能找到料想之外的答案。」Serendipity，這個難以翻譯的單字，常用來形容某種「幸運的巧合」的狀態，就是我讀這本令人回味過癮的理論書後，想告訴讀者的心情。

推薦文

和孩子重新看見學習的熱情

林怡辰／彰化縣原斗國小教師

在這本書中，吳緯中與馬嶔老師羅列了多年來實踐、深耕ＰＴＳ教育模式，不只理論，更多的是行動方案及省思。

尤其系統性思考與實踐方法，藉由九大關鍵字具體呈現：分段（主題式課程，尊重個體差異）、主題式教學（回歸學生需要和統整學科）、社會化（和真實世界接軌）、遊戲（激發創意，給予自由開放空間）、協作（團體智慧）、分享（讓孩子彼此連結，換位思考）。最後在家長合夥人、教師陪伴者、學生為主體成就自己學習這三者中，讓學生成為獨立自主、喜歡自己的個體。

讀過很多教育書籍，深深覺得這本從在地出發，深耕長期的系統性實踐，在過程中，以歷來許多不同的活動和不同身分的省思，協助教育工作者去看見遷移的可能，且具有許多實際的課程案例。像是孩子心中疑問：「為什麼不能按照自己的能力、興趣、一步步照著自己的節奏與步調學習？」老師心中吶喊：「面對台下一雙雙黯淡無光的眼神，怎麼點亮孩子們的動機？」

當然現實中無法像是戲劇或是電影，一帖見效。但藉由書裡的字字句句，多方呈現孩子從進校迷惘、逃學、從學習中逃走，慢慢探索，最後承擔自己生命的過程。當然，個案或特殊條件的參考價值需要審視，但重要的是過程中的點滴：在XY軸上定義「我是誰」的生命故事探索、家族菜的主題課程探索自己家族、玩樂中點燃學習動機、家長到校三天親子補給站課程，讓家長重新看見自己和孩子關係，教師對孩子信任、好奇、陪伴、拉界線，誠摯分享沒有過多修飾，讓人感動。

丟掉課本，重新好好和眼前的孩子連結，用信任、連結、展現、共創、反思的五階段經驗，主題式地設計課程，重新帶著孩子，從現在走向未來未知的彼方。方法可以多種，但本質都是一樣的，在書中有引導和具體分享，誠摯推薦一起來閱讀，然後和孩子重新看見學習的熱情。

推薦文

看得見的教育

余懷瑾／仙女老師、TED講者

教育若是要看見學生的光，成果會是一篇篇動人的故事。

教育若是能看見老師的好，付出會是一頁頁迷人的傳奇。

為什麼這麼說呢？青春期的學生，情緒不定，想法多變，充滿了衝突與矛盾。所以我們常聽到「現在的小孩很難教」、「現在的小孩是草莓族」、「老師教來教去千篇一律」、「老師出的作業好多」，師生之間抱怨層出不窮。然而，在這本書裡你看到學生的光、老師的好，看到衝突之後細膩的互動，丟掉的不是課本，而是框架。

跳脫學生服從老師的規範，跳脫體制內的分班制度，跳脫新生座談的家長講座，跳脫老師權威的形象，當框架一一去除，本質就出現了。師生是獨立的個體，來自不同的家庭，有各自的習性，在PTS教育中，學生能循著正道，長成自己的樣子；老師孤立無援，想尋求協助時，則有夥伴的支持。

這本書讓你看到師生長時間相處的改變與成長，值得細看。

推薦文

讓我們一起成為陪伴孩子學習的共好世代合夥人

王寶莉／嘉義縣立阿里山國民中小學國小部教導主任

教育的重要性，在於讓每一位孩子找到自我獨特性、價值以及無人可取代的成就感。然而，說得簡單，卻是現今第一線教職人員最棘手問題，到底該如何使學生願意主動學習，如何為孩子搭起學習骨架，讓孩子學習為自己負責，為選擇負責。「選擇的背後，是思考的開端」，PTS教育九大學習核心的三個概念：「分段設計」、「主題教學」，到與真實生活情境連結的「社會化」，讓學生具有挑戰與解決問題的能力。說明老師選擇用什麼樣的方式引導學生學習，他們就將在未來看見什麼樣的風景。

但再好的學習設計也必須讓孩子願意往前踏出第一步。「遊戲」絕對是學生在遊玩中激發創意的不二方法。自己玩還不夠，還需要「協作」團隊合作，最終透過

「分享」看見自己與彼此的優點，懂得欣賞與被肯定，才能讓孩子在真實的學習現場找到自信。

在這三十年，走在台灣創新教育先驅的開平，秉持著「成就學生、成就家長、成就老師，讓愛流動」之理念，讓最密切的三種對象「一同、願意」為孩子的學習創造價值。

推薦此書，讓我們一起成為陪伴孩子學習的共好世代合夥人。

自序

這一生，我絕對不要成為一位老師！

吳緯中／台北市私立開平餐飲學校教師

就算拿所有人來交換你，我也不願意

小學一年級時，我喜歡坐在爸爸野狼機車前方的汽油箱上，衝著沁涼的風，得意地像自在的飛鳥。

那大概是自我意識初期萌芽的階段吧。當時的我被優異的堂表兄姊們圍繞，開始注意到彼此的差異和特性。我彷彿預見了幾年過後，他們在台大、師大、清大傑出的表現。

「表姊成績常拿全校第一名；表哥打電動永遠打敗我；堂哥常說出一些很聰明的話。爸～～如果……可以拿我去交換一個堂表兄姊們中的一人，你會選擇誰？」

有一天，我努力組織有限的言語，稚氣地詢問爸爸這個現今想起極盡天真，卻也略顯世故的問題。

「你就是你，你是我的兒子。就算拿所有人來交換你，我也不願意。」坐在身後的爸爸，頂著獵獵的風，好像一座高遠蒼鬱的大山，用聽起來滿不在乎的口吻回答我。

我沒有回頭，怔怔望著遠方，繼續陷入自己的若有所思，似懂非懂地咀嚼爸爸的話。

我想，那天如果我轉向爸爸，也許我會看見他的神情有一絲顫動、一些不安，腸枯思竭地尋找適合的語句，嘗試安撫那多愁善感的兒子纖細的神經。

那天，一顆信念的種子埋入了我的心底：我，是無法取代的；我，有我自己的價值，我，不會是個多餘的存在。

這些年來，在教育的第一線，我聽見了許多孩子們酸楚的真實心聲：

- 我找不到每件事的意義……
- 我是孤獨、落單的邊緣人……
- 我是不被喜歡、被霸凌的……
- 我不知道怎麼和別人互動……
- 我是多餘的……
- 我是壞孩子……
- 我找不到目標……
- 我沒有力量改變……
- 我不值得活在世界上……

每個聲音，都是一個生命無望的呼喊。價值感、目的感、意義感、成就感，在這一代的孩子身上被大大地遺落。

在學校教育一路的成長經驗中，我發現自己也有同樣的心聲。我在學校中找不到學習的意義、自身的價值，反而是在學校外的許多體驗，和畢業後的跌跌撞撞做中學，才讓我緩緩站穩身軀，並讓小學一年級落下的那顆種子有機會發芽、茁壯。

畢業後，我絕對不要成為一位老師！

高中畢業時，我說不出來自己的目標、夢想。但我很清楚一件事，我這一生，如果可以讓我選擇，我絕對不要成為一位老師。

經過了小學、國中、高中十二年的校園生涯，我如同被壓榨枯乾的作物。終於熬滿畢業後，回頭面對學校的心情，就好像《阿波卡獵逃》中逃離瑪雅文明禁錮的一家人，只想不顧一切地奔離校園。我不想要面對如此多受到壓抑的年輕臉龐，在最應該綻放青春和熱情的時候，受到最多的填鴨與限制。

然而，踏入社會幾年，在做過幾年網路行銷、社群媒體經營、編輯文案後，工作內容漸漸與真實的人群斷線，我突然覺得茫然、若有所失。

三十三歲那年，受到開平餐飲學校招募老師的文案吸引，字字打入我的心坎。上頭寫著，除了本科的專業之外，學校在尋找「非典型的老師」。

所謂的「非典型」，我看到下方簡單的說明：「是願意和學生建立關係，並花時間陪伴孩子，與他們對話的老師。」

也因為那些年在教會中陪伴青少年，喜歡那種與孩子真實的連結，帶來意義與改變的過程；我便毅然轉換人生跑道，決心離開辦公桌，不再和「電腦」打交道，而去與真實的「人」打交道，成為了菜鳥老師，也就此開啟了一場絕妙的教學旅程。

我想，在自己當學生的時候，太少被看見、被陪伴。成為老師，也是對過去無奈的學習生涯的一種反叛吧。

菜鳥老師的震撼教育──「你不許教學生！」

第一個月當老師，是我教師生涯中最挫敗的時期。

每夜下班回到家，就認真預備教材到凌晨，太太都戲稱我是「備課漢」，但隔天當我帶著睡不飽的身子、熱血的精神進入課堂，振振有詞地開口上課時，孩子們的眼神卻個個空洞渙散。睡覺的、滑手機的、聊天的，教室成了露天的菜市場，喧囂滿天。

我愈拚著命準備，孩子愈是麻木。他們對課程沒興趣，對我的滔滔無感，我和他們之間隔了一層穿不透的薄膜。一間教室，兩個世界。

在我快要撐不住，懷疑自己是否不適合當老師時，有一天夏創辦人找我們那一年的新進教師吃飯。在夏創辦人面前，我們這些老師也都成了學子，親密地喊他「夏杯」。

在微笑輕抿嘴唇，聽我抱怨完苦水，覺得自己沒有做好後，夏杯沒有安慰我，而是火上添油，補一句：「是的，你一定會做不好。」

看著我狐疑的臉，他問我：「緯中，來到這裡，你想當個學習者，還是表演者？」夏杯說，重點在於心態，若你是學習者，就會從每次的經驗反思、成長；若你是表演者，事事都要求要做滿做好，一個瑕疵就會將你打敗。

接著，他給了我一個「功課」。

「你必須忍住好為人師的欲望。從今天起，你不許教孩子。如果學生都沒有準備要學，為什麼你要教他呢？」夏杯漸漸收起笑意，認真、嚴肅地說。他頓了一頓，又說：「學校沒有教答案的權力，只有支援小孩學習的權力。」

這句話如雷貫耳，我在腦中快速反覆思考這句話。當時的我似乎捕捉到一些什麼，卻又說不出來是什麼。

「如果老師都不教，那學生要怎麼學，他們要學什麼？」我開始向下探問。

夏杯回我：「老師的『不教』只是表象的手段。在『不教』的後面，老師其實做了很多。」他臉上的表情舒緩下來，在他看見人真的想學習時，他總會露出這樣溫和慈藹的面容。他說：

> 表面上，PTS教育（PTS Education）的老師看起來一點都不忙。因為學生都會說，事情都是我們做的、都是我們自己學會的，老師什麼都沒有做。
>
> 但就像湖面上鴨子划水，水面上的身子不疾不徐，優雅地向前滑行；水下腳上的蹼卻來回翻攪，絲毫不休息。
>
> 在這樣的教育下的老師，最重要的任務不是教，而是營造學習的氛圍。當學生

不想學的時候，老師要透過對話、陪伴，「引誘」他想學。當孩子想學東西時，他就自然會長出力量，找到方法學習。

幾年後，當我讀到教育認知心理學家皮亞傑（Jean Piaget）的文字：「當你教孩子某件事，你也永遠剝奪了他自己發現的機會。」我才更瞭解夏杯那句話中的深意。

在開平餐飲學校實踐PTS教育的這段時間，我和夥伴們逐年陪伴愈來愈多失落孩子們走過轉變的歷程，看著一屆屆孩子們從入學到畢業，走出校園，在遼闊的世界上昂然踏出他們自信的步伐。

即使步履蹣跚，過程熬煉難當，但我愈來愈有信心，這樣的教育果真能翻轉孩子，讓他們成為自己生命故事舞台上的英雄。

這樣的課程，讓孩子們更有力量，更有成就感；因為他們曉得，以自己渺小的力量，也能帶來正向的改變。這也是PTS教育期待讓每位孩子、每個獨一無二的生命，都能踏上的一條成就之路。

當我想起自己多年前，驀然踏入了這所學校，順著這波教育改革的浪潮疾流向前，我心中溢滿了感恩。在這裡，我遇見了一位位令我欽佩、一起拚搏的堅強團隊，他們是我的前輩、我的老師、我的夥伴，是我可以交付身子和心靈的隊友。在我們長年辛勤的耕耘下，我才有機會書寫這一同構築的教育家業。

這本書，是我和馬嶔數年合作的心血結晶。她是我的導師，從我踏入教育界起，就一步步陪伴、指引我，讓理想主義的我有機會落地生根。

馬嶔在ＰＴＳ教育深耕多年，對ＰＴＳ教育多年發展的脈絡更是瞭然於胸，多年來培訓了數十位優異的ＰＴＳ教師，也讓理論和實務得以結合完備。她豐沛、永不倦怠的活力，強悍、堅忍的恆心與毅力，更為ＰＴＳ教育注入了熱情和新意。

為了讓書中敘述的口吻一致，我採用了第一人稱寫作，馬嶔對於ＰＴＳ教育的概念和論述皆融入在各篇中，她完整的一篇寫作則為3-2〈給關切教育者的行動指南〉。

前言

關於PTS專書的出版——教育的改變，從這本書開始

馬嶔／彼得思研究中心課程研發主任

PTS教育是呼應真實社會需求的主題式教育。

PTS教育重視學習者的脈絡與興趣，在學校營造的微型社會中，透過由小到大不同層次的主題任務，習得知識及軟硬實力。

在我超過十五年的學習與實踐歷程中，這是一個豐富、充滿生命力而且持續演進的教育法。

自二〇一四年起，我有幸參與夏創辦人帶領的PTS教育海內外教育理念分享與教師培訓工作。在論壇或工作坊中，我常聽到參與課程的學員提問：「這個教育理念很棒，但是我們也可以做嗎？」「如果回到學校，要怎麼開始？」在海外地區，則更常被詢問：「兩邊的文化不同，這套方法我們真的可以應用嗎？」這些提問，

促使我思考將經驗轉化為文字的可能。

這些年來，除了PTS教育最開始的實踐基地——開平餐飲學校外，台北、新北、台東甚至金門，陸續有不同的學校、團體或師培生來體驗並開展創新教學的可能。而我在參與上海PICH學院兩年的課程規劃與教師培訓後，更相信以學生學習需求並融入在地文化所創發的主題式課程，可以為教室課堂帶來充滿互動與能量的迷人風景。

在夏創辦人的鼓勵及支持下，本書自二〇一九年八月開始構思，以故事帶出課程設計與教學法，讓書籍更貼近讀者的需求。內容部分，由我建置PTS教育實踐的概念解析，緯中老師則透過訪談、觀察與他個人的經驗，轉化成一篇篇動人的故事，每篇文章都是一群教師與學生們在教學現場專注投入後的真實發生。

感謝夏創人與開平夥伴們的信任，給予我們書寫及自我對話與成長的機會，緯中手繪的「書籍發想圖」見證了那一段充滿腦力激盪與突破困境的時光。

這本書定名為《丟掉課本之後，學習才真正開始》，期待讀者與我們一同丟掉被框架束縛的教育傳統，放下刻板印象後，我們也許能有新的出發。邀請關心教育的您，透過書籍中的想法在真實生活中實踐，如果您有任何想法，歡迎在「PTSe創新教育研究中心」臉書粉絲專頁留言，讓每個寶貴的想法都能在分享交流中，幫助我們更加成長！

Part1

從今以後，教育不再只能從國外輸入

PTS教育三十年前的起始點，
出自夏創辦人沉痛的親身經歷，
讓他在意外的人生轉折口，
傾注一生之力、鼓起洪荒勇氣，
立誓辦一所
「愛得不累，讓愛流動的學校」。

我要辦一所「愛得不累，讓愛流動」的學校。

1-1

PTS教育的起點：從一個男孩開始說起……

他認為，學校不該「幫」任何一位學生成長，因為對生命來說，沒有高低的分別。教師最重要的價值，就是給孩子一個有品質的陪伴，設法協助孩子找到最能著力、發揮亮點的長才，找到自己的目標和夢想。

一場寧靜的顛覆性革命

愛因斯坦曾說：「所謂的瘋狂，就是一直重複相同的事情，卻期待不同的結果。」

過去數十年來，台灣學校教育用同一套的教學模式與評量標準來教育孩子。孩子們受制於齊頭式的教育方法，面對自己的「不一樣」時，往往被貼上了標籤，也因而造成了傷害。

這幾年，台灣逐漸注意到世界各地創新教育的成效，一〇三年進行實驗教育三法的修訂，一〇八新課綱也順利正式上路，對於教育改變的渴望已不再是口號，積累多年的能量一次爆發。到了今日，創新教育儼然成了顯學，沸沸揚揚地在台灣各地百花齊放；改變，成了不可逆的必然。

然而，在台北市大安區，有一所沒有田徑場，也沒有大禮堂的校園，從三十年前，在全台灣仍籠罩在傳統教育的大環境下，在這處神奇的空間中，就已經開始默默進行教育顛覆性的革命了。

這樣從本土孕育出的教育理念，究竟是從何處來的？

如果要回到最原初的起點，就得從一條皮帶、一個花瓶和一位男孩說起。

起初，有一位男孩……

一日，父親回到家，發現珍藏的花瓶只剩下殘骸，一片片散落在地上，他第一個念頭，就認定是他那個調皮搗蛋，正就讀國三的兒子所幹的好事。

兒子矢口否認，在怒氣沖沖的父親面前誓不低頭，看來毫無悔意。嚴厲的父親無法接受兒子死不認錯的態度，似乎也為兒子無法撼動的氣勢震懾，他大手一揮，拔出腰間繫的皮帶，瞬間發出撕裂空氣的風嘯揮舞聲，一陣又一陣抽打在男孩身上。父親的大愛，竟以皮鞭的形式呈現。

皮帶斷了一條，換了另一條；父親下手得愈狠，孩子的心裡愈恨。恨的，是無人信任的怨、無法解釋的苦。

狂風暴雨的皮鞭雨中，卻有一顆奇妙種子默默埋下。男孩心頭一個念頭無比明晰：「我今天所有遭受的痛苦，就到我為止，我不允許再重複發生了，這絕不能傳給我的下一代。」

過去積累的憤恨在他腦中激烈發酵：

- 五歲時，當同齡的朋友們都在嬉鬧遊玩，父親逼著他凌晨五點起床算數學、背英文、讀《聖經》。
- 國一時，他好不容易考上了建國中學初中部，卻因父親的一句話，被迫轉到父親所創辦的學校——開平就讀。

「為什麼自己想做的都不准做，卻只叫我做不想做的事。」自此，他開始憎惡這位強烈灌輸自己意志，永遠代表著權威和嚴酷的父親。

於是男孩下定決心，要執行報復計畫，盡可能在一切事上都要惹怒父親，這彷彿成了他生活的首要目標，他想著：「爸爸要我做什麼，我就不做；他不要我做的，我就偏要這麼做。」

掙脫與思索

時光飛逝，男孩上了大學，父親也因年歲遞增而不再強悍。大一時，父親猝不及防地病危，男孩趕到了醫院，卻只能握著已無法說話父親的手，目送父親離世。

恍如被抽空的星球，他內心一片寂涼。父親不在了，他頓時失去人生的目標，這世界不再存在著正反對立的張力，他戰鬥對抗的對象已離他而去。

返回學校生活後，男孩荒唐頹喪，擺著正課不管，社團活動卻玩得熱鬧激昂。花了一年的時間沉澱、放蕩，正好讓內心的種子有機會發芽、茁壯。他思索：「父親一生奉獻行醫，後半生辦了所學校。醫生救身，教育救心，我有沒有可能用不同的方式來辦教育？把爸爸想做的事做得更好？」

除此之外，當他回頭看自己與父親錯綜的關係時，一個更深沉的問題迴盪在他腦中，怎麼也揮之不去：

父親的出發點都是愛，但自己感受到的卻只有恨。中間到底出了什麼事？電流經過電線，還會是電流；清水流經水管，也還會是清水；那為什麼愛經過了傳導到了另一端，卻只徒留下恨？這一條「關係」的傳輸線出了什麼問題？

他苦思不得解，只好暫時把這個念頭從肩頭輕輕抖掉，內心燃起新的目標，決定四十歲前想盡辦法賺錢，四十歲後用自己賺的錢做自己想做的事——教育。

父親的學校／男孩的學校

時光再度跳躍，男孩已長成了三十九歲有家庭、有孩子、有事業的男人了。此時，他面臨了一個生命轉彎抉擇，母親希望他從澳洲回到台灣，接掌父親所遺留下的產業：一所學校——這所對他而言，夾雜著苦澀回憶、無法輕易定義的學校。

然而，經過了這些年的沉潛思考後，答案再清晰不過了。他思緒篤定而堅決，對自己說：「我要辦一所『愛得不累，讓愛流動』的學校。在這所學校中，孩子能順性發展，找到自己的目標和夢想，放手做自己所愛的事。」

於是，他放掉大好江山的建築事業，奔回再熟悉不過的母校，重新牽起父親離世前握住他的那隻手，承接起似乎永遠都在靜靜等著他的使命。他彷彿穿越了時間的縫隙，陪伴那個無法快樂學習，自在成長的自己。

從一九九〇年他開始接掌校園，他幾乎嘗試了所有翻轉教育的可能性，最困難的，是要仍留在體制內，進行這些翻天覆地的改革。

在三十年前台灣的時空背景下，堪稱創新教育的荒野，要打造起他心中那所「愛得不累」的學校，他必須先大刀闊斧地解構原有大家所熟悉的，那些稱為「教育」的東西。

他力排老師、家長的質疑，打了場有如萬里長征的持久戰役。他一步一步解開箝制孩子的手段：段考被廢除了，教科書被取消了，訓導處也拿掉了，就連最能控制學生的武器，代表威權的象徵——校規，也被廢止了，於是，所有讓傳統教育運轉的機器終於停擺了。

這時候，只剩下一個問題：如果把傳統都解構了，那還剩下什麼？

當這一切眾人所以為在教育中不可或缺的要素都被移除了，才有空間真正開始思考教育的本質。到底什麼樣的教育是貼近人的？什麼樣的教育，才能讓孩子拿回學習的主權？

走過多年的探問，不懂教育的他，反而成了能打破框架，用另類角度思考的關鍵。他最初想辦教育的初衷，終於在這所學校得以實踐，其中，包含了兩個最核心的理念：

一、回到孩子，順性發展

一個生命要開心，必須順性發展。

他認為，「為什麼教育不能讓孩子開心做自己喜歡的事？」所以，他強調尊重生命的人文主義，看見一位又一位珍貴且獨一的「人」的價值；看見孩子的脈絡與紋理，讓孩子能用適合自己的步調前進，也就是「順性發展」。

然而，要讓孩子順性發展，教師的角色必然改變，從傳統的教導者轉為陪伴者。在孩子身旁，殷切地觀察、注目，卻不給孩子答案、不幫孩子做決定、不剝奪孩子「從不會到會」的成長機會。

他甚至認為，學校不該「幫」任何一位學生成長，因為對生命來說，沒有高低的分別。教師最重要的價值，就是給孩子一個有品質的陪伴，設法協助孩子找到最能著力、發揮亮點的長才，找到自己的目標和夢想。

他相信，只有一個真正擁有目標和夢想的孩子，才會卯足全力、鼓起勇氣，設法找到資源去完成他想做的事。

二、關係處理，愛得不累

一個生命要幸福，必須愛得不累。

出自他自己生命歷程中所缺乏的——關係，他盼望在這所學校中能實現。讓愛的人不累，被愛的人也不累。

從交談的那一刻起，人們有一起創造新生活、新意義、新關係的可能性。人生存在層層包覆緊密的關係之中，關係若崩解，人將無法自在生活。因此，他在這所學校中，教孩子如何處理關係，如何去愛，並愛得不累。當愛能夠流動，教學將更有意義，也將活出更有意義的生活。

「愛」聽起來虛無飄渺，但他談的其實是合作，他曾說：「宇宙中最大的創造，第一就是母親的生產，第二就是人與人之間的合作。」

他以親師生共學、關係處理能力為基礎，建構一個彼此信任、相互支持的校園氛圍。在自主學習的環境透過對話釐清價值、尊重包容、取得共識，促使學習團體自發性產生。

對他來說，這個「愛得不累」的理想教育邏輯很簡單，正是一道奇妙的正向過程：

1. 讓愛的能量流動。
2. 愛的能量要流動，要先愛自己，「愛滿」自己。
3. 要如何「愛滿」自己，就要做自己喜歡的事。
4. 當做自己喜歡做的事，就會覺得自己是被愛的，有價值的。
5. 做自己喜歡的事情，且有機會展現、被看見，就容易會有成就感。

6. 有了成就感就會找到自信，而自信會牽引出自信，成功會牽引出成功。
7. 有自信，就能鼓起勇氣做任何想做的事，至終，想做什麼，就更有機會達到。

就這樣，奇妙的種子一埋，就埋了三十年。男孩，成了男人；男人，成了早已跨越了當年父親離去時年紀的老者。

男孩的姓名，是夏惠汶，PTS教育的創辦人，也是在開平老師、學生口中親切莫名、慈祥和藹的「夏杯」。

三十年來一路摸著石頭過河，到了現在，開平的教師們才赫然發現，從前深耕、專心致意在做的事，已經成了今日教育的主流，也意識到這段經驗的難能可貴。

於是，夏創辦人和這群教師們開始細細整理這三十年的經驗值與know-how，建構出一套PTS教育，試著和現在的教育界對話，讓別人也比較容易清楚這一群教育工作者在做的事，也想讓大家知道，在台灣本土，早已存在著一個實踐多年、千錘百鍊的教育模式。

每個獨特的生命都是珍貴的。

1-2

讓學習的主權交還給孩子

學習應該是開心的、成就自己的。

PTS教育強調以學生「願意」學習出發，從自我探索、發掘問題、分析問題，到解決問題，成為會思考、有自信、善表達、懂合作的學習主導者。

學習是如何發生的？——連結自我、他人與世界的點線面

PTS教育三十年前的起始點，出自夏創辦人沉痛的親身經歷，讓他在意外的人生轉折口，傾注一生之力，鼓起洪荒勇氣，立誓辦一所「愛得不累，讓愛流動的學校」。

PTS教育歷經演進、蛻變，至今成了一套可供關心教育的人們應用、實踐的教育法，是多年來教師團隊一棒棒接力下來，在無數錯中學、做中學、玩中學下產生的智慧結晶，在多處學校和團體中獲得印證★。

在經過歷史的篩選精煉後，這教育法萃取出最具代表性的九大關鍵字。然而，在進入這九大關鍵字，與許多孩子們改變的故事和精彩的課程之前，我想先談PTS教育的一個更核心、內在的信念：學習到底是如何發生的？

在這個未來仍捉摸不定、世界正急速變遷的世代中，PTS教育相信，終身學習的能力，是孩子從學校離開之後，所能帶走陪伴他們一生的一件最重要的事。

終身學習是二十一世紀的教育中一個重要的指標。終身教育就像是一座宏偉的

建築，而建築宏偉的規模，取決於地基的穩固。

在PTS教育中認為，終身學習的核心，在於孩子如何看待自我、他人與世界，而自我、他人、世界，也正是學習——這個美妙、充滿奇蹟的字彙，得以啟動的關鍵。

一、自我——展開學習的原點

學習是十分個人的事，當孩子回歸到自我，清楚了自己要學什麼，他就必定有力量可以朝著目標前進。但這樣的「清楚」，需要經過一層層地解構：

- 察覺情緒：能察覺自己的情緒和感受，知道做哪些事會讓自己開心或不開心。
- 找到動能：慢慢產生自己的想法，知道自己喜歡什麼、想要什麼，因而擁有「為何而學」的內在動能，並能順著這份動能，自發地驅動自己向前。
- 設定目標：開始設定不同階段的目標，以及探索未來的夢想。
- 反思成長：在做自己想做的事時，從經驗中反思，學習和自己對話，慢慢建立獨立思考的能力。

因此，有意義的學習，若沒有回到自己，都是片段、支離的，唯有當孩子清楚是為了自己而學習，學習才真正開始。

二、他人——串連學習的軸線

每個獨特的生命都是珍貴的，而當每個獨立的個體被放在一起、共同生活時，孩子們將意識到自己並非世界的中心，並學習尊重彼此的界線和期望，建構出在地脈絡下獨一無二的團體文化。

PTS教育將校園營造成微型社會，讓孩子在社會化的環境氛圍中，認識自己在團體中的角色，領導與被領導、選擇與負責、對話與合作、面對衝突及問題解決等與人相處的軟實力。

這樣的教育，期待孩子建立與他人成為夥伴、隊友、共學與共創的關係，而非視之為競爭的對象，或潛在的敵人。

透過這種以合作為導向的學習，教師需運用群體的力量，匯聚團體智慧，解決問題、完成任務，讓學生從彼此相互學習，體會你好、我好、大家好的合作之美。

於是，當多元的軸線被交織在一起，就形成一幅更遼闊的網絡，相互依存，也能珍惜每個生命的價值：「因為有你，我變得更好；少了你，就少了一份可以往前的力量。」

三、世界——跨越學習的介面

所有扎實的學習，都必須能應用於真實情境，並通過真實世界的檢核，不然只是智識上的滿足，讓孩子畢業進入社會後，充滿學用落差的挫敗感。

在PTS教育中，當孩子找到了自己的目標，也串連起與他人的連結後，他們的夢想，都會以或大或小的方式，透過多面向的摸索和實踐，真真實實的落地到生活中，經過反覆的微調和校正，讓夢想變得更為真實、可見。

因此，整個世界，就成了孩子學習的實驗室。孩子們天馬行空的想像與創造力，都能在世界這個大教室中得以實現。

課程也不再是分科、分離的知識碎片，而是透過跨界的主題教學，超學科統整與社會議題的連結，對應社會真實的需要，甚至執行回饋社會的行動；孩子看看自己，想想社會，而找到可以將自己能力與社會需求媒合的可能性。

PTS教育的九大關鍵字

這樣從自我、他人到世界的學習進程，也打破了傳統，將焦點從教師如何「教」，轉為強調學生如何「學」，從學習者的角度規劃課程與活動，瞭解每個學生的學習條件、需求、進度與興趣，針對其生涯發展與職場需求，設計出適合的教學主題與教材。

而PTS教育的九大關鍵字，猶如一座有九扇門的大宅，人們可以自在選擇手中鑰匙的任何一支，開啟其中一道，探索門內的瑰麗。這九個關鍵字，分成了三組，也是接觸PTS教育的三個切面：

第一組關鍵字：最核心的三個概念，搭起學習的骨架。

● 分段 Phaslized

在尊重個體差異與特質下，分階段設計有趣的主題式課程，讓孩子能按照自己的步調，走出屬於自己，有如闖關般的學習進程，讓學習的速度與方式，回歸到學生的需求。

● 主題 Thematic

教師依學生程度及興趣，以超學科限制的方式，統整知識及各項能力，採用主題式活動進行學習，讓學科間的相關知識產生連結，扭轉傳統分科教育做不到的事。

● 社會化 Socialized

學習應與真實生活情境相連，透過多元豐富而活潑的模式，幫助學生發現興趣專長並宏觀視野，使其在未來生活或就業時，擁有接受環境挑戰和解決問題的能力。

第二組關鍵字：最真實的三個現場，直擊學習的面貌。

● 遊戲 Play

運用多元策略，打開學習的無限可能，讓學生在遊玩中激發創意、不在意失敗、面對挑戰。另一方面，也在校園中給予自由、開放的空間，讓學習就像團體破解任務，逐步建立成功經驗。

● 協作 Teamwork

課程進行時，強調關係處理能力，在團隊合作解決困境的過程中，學生可瞭解自身與夥伴的能力與特質，積累相關經驗及學習模式，共創團體智慧。

● 分享 Share

「分享」帶孩子走出自己，看見彼此。在團體學習中，教師用對話或自身經驗引導學生分享，以此創造深層學習，讓孩子能同理對方需求，換位思考。

第三組關鍵字：最密切的三種對象，翻轉學習的角色。

● 家長 Parents

將家長視為教育「合夥人」，邀請家長一同陪伴、支持孩子成長，讓家庭裡愛的能量能順暢流動。另外，也重視並聆聽家長的聲音，以親師生共創方式擬定適合的學習主題。

- 教師 Teachers

不再為傳統講台上的施教者，而是鼓勵學生自主學習的陪伴者。傾聽學生聲音，引發學習動能，透過師生對話共同學習，建構一個彼此信任、相互支持的校園氛圍。

- 學生 Students

學習應該是開心的、成就自己的。強調以學生「願意」學習出發，成為學習的主導者，從自我探索、發掘問題、分析問題，到解決問題，進而成為會思考、有自信、善表達、懂合作的個體。

PTS教育九大關鍵字示意圖

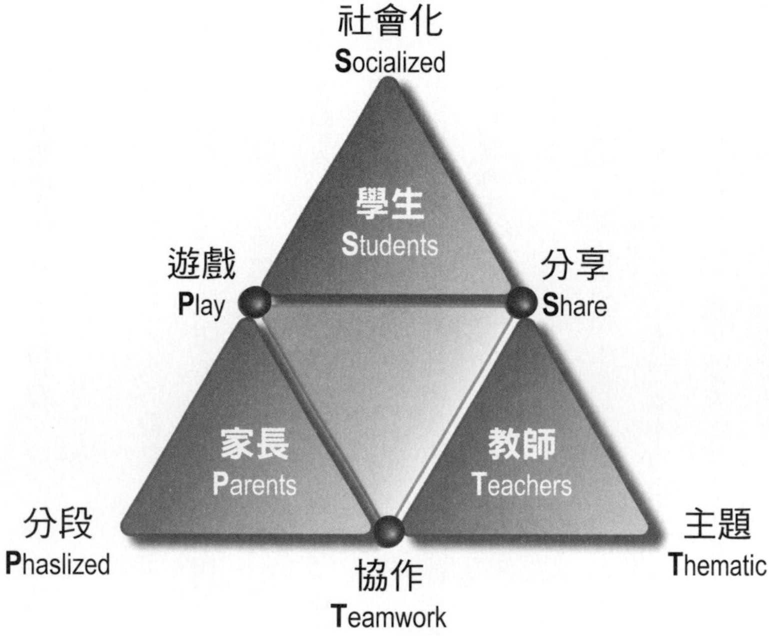

十五歲孩子們眼中的PTS教育

談到教育法，通常是站在大人的觀點，多是上而下嚴肅的論述。但在一年級下學期結束前的最後一堂課，我閉上了嘴，聽孩子們說出自己經過一年親身體驗後，心目中的PTS教育。他們從個人發想開始，到小組整合，再到用大黑板的全班分類統整，最後每人一分鐘上台的論述發表。一層一層地歸納後，孩子們說起話來，眼神閃耀著自信、喜悅。

我想，是因為這些分享，都是出於真實生命改變的揪心故事。孩子們所說出的親身經歷，讓我動容不已：

- 在PTS教育中，課程是學生和老師一起創造出來的，就像漫威（Marvel）電影，老師和學生就像導演，會把劇本寫出來，讓大家有方向去努力。但電影要成為經典，是每個演員的詮釋，讓電影更有生命力和溫度。在這樣的環境中，老師和學生能一起做夢，一起構建這個舞台，讓學生展現出自己的顏色。

- 我在一年級的時候，是滿不喜歡跟人接觸，覺得瞭解別人很麻煩，而經過PTS教育後，從一些活動的合作中，慢慢地敞開心胸，後來變得外向，甚至在一年級校慶，敢在幾百人面前展現。PTS教育不但可以使人快樂學習，甚至是可以讓人敞開心胸。
- 在之前讀書時，天天過著填鴨式教育的摧殘。給你一疊的書用螢光筆畫重點，到頭來發現整頁都是重點，有幾本就背幾本。來到這所學校後，我能藉由不同的課程去釐清我到底想幹嘛，我的目標和夢想是什麼，以及該如何朝它們前進，而不是嘴上說說而已。

★：PTS教育的歷程

PTS教育在台灣及上海皆受到不同教育階段的學校所採用，並獲得各校正向回饋，也累積不少成功案例。除了學校單位，也獲得教育部、台北市與新北市政府教育局肯定，參與創新教育及各級學校之校長主任研習外，台北市教育局二〇一九年起更透過PTS教育辦理職涯探索課程工作坊，協助八、九年級學生探索職涯。同時，PTS教育中心自二〇一七年起受邀至北京教育創新峰會（二十一世紀教育研究院主辦）、台北雜學展、海峽兩岸教育論壇（中國教育科學研究院與台灣輪流主辦）等場合分享理念與實踐方法，引起許多教育家、教育單位及團體共鳴，並有後續合作之意願。

Part2

讓孩子自由的九大關鍵字

PTS教育相信，
當給予孩子們自由、開放的空間，
在安全的範圍中，
允許多樣的可能性，
學習動力就會在體驗中產生。

關鍵字No.1：分段Phaslized

2-1

生命，不過就是一連串的選擇題

PTS教育在做的事，是讓孩子從一片渾沌中，釐清、發現自己要什麼。本來孩子只是模模糊糊以為自己要什麼，現在讓他停下來，想一想自己要什麼。這是一件智慧、了不起的事，讓自己歸零、長出智慧。

與父親漫步在人生的交叉口

高三上學期，我剛考完校內第二次的模擬考，正過著彷彿讀書、考試永遠不會結束的生活。

在那樣無數輪播的日子裡，有一晚，十七歲的我突然對未來一陣空茫，心中升起暗暗的恐慌，在書桌上撐著頭，目光呆滯，直愣愣地望向前方。父親似乎能洞察我的意念，從書房把我拖出門，要我陪他出去走走。

父親和我就在那個吹著微微秋風的夜晚，走在宜蘭運動公園體育館旁的綠地。我們脫下鞋子，雙腳踏在細碎圓石子步道上，併著肩漫步向前。

我們談起了選擇。那是我第一次，短暫跳下無須思考的考試機器巨大輸送帶，靜下來，好好思考我未來的可能。

然而，現實的殘酷惡狠狠地痛擊我，我發現，經過九年的基礎教育，加上三年的高中教育後，自己是一個全然不會選擇的人。我只能聽著爸爸的分析、建議，應和著他的言語，囁嚅著點頭稱是。

幾年後，到了大四畢業前夕，二十二歲的我發現自己又陷於一模一樣困窘的處境裡。我仍不會做選擇，只好再度被輸送帶運著進入研究所。

我不知道當我讀了這所大學、這個研究所，要將我帶到何方？我不知道我所學習的和我未來的關聯是什麼？最可怕的，是我當時從來沒有思考過這些問題，這些都是事後多年回顧時，才終於察覺到，令我惶惶不安的疑點。

研究所畢業後，這條歷經二十年的輸送帶戛然停止運轉，我站立遙遠的彼岸，在無數的選擇中，苦苦拿不定主意。

選擇，是思考的開始

選擇的背後，是思考的開端。讓孩子有機會選擇，代表鬆開手讓孩子開始為自己思考，不再總是討好大人；讓孩子開始為自己的選擇負責，開始承擔選擇後的重量，也是養成獨立個體的必經過程。

選擇，看起來是件再小不過的事。但當孩子能踏出第一步為自己選擇、做決定；第二步就能學習自我規劃、自主學習；第三步才可能抽絲剝繭，找到自己的使命，邁向終身學習之路。

在PTS教育中，透過「分段」（Phaslized）的設計，開創了多種選擇機會，讓學生學習做決定。

「為什麼課表都長得一樣？」「為什麼每個學生，都要在同個時刻，被約束學一樣的事？」「為什麼不能按照自己的能力、興趣、一步步照著自己的節奏與步調學習？」

這些深藏在孩子內心的問題，都在PTS教育中得以徹底改變。

傳統學校似乎也在進行分段教學，用學生的年齡或年級自然產生學習難易度的分段。但是在PTS教育中，除了入學時間外，也依照課程的難易程度、參與任務的合作人數、合作的對象屬性、任務的規模與複雜性等進行分段。所以，這是一種學習的進程，並不只是用來檢核學生的學習達標與否（例如：高一的學生，就應該會機率）。

霎時間，對孩子而言，學習突然變成了闖關競賽，他握有學習的主動權，在他準備好的時候，可以和喜歡的同伴們一起完成學習任務的挑戰。

換句話說，PTS教育不是把學生需要學習的內容與年級畫上等號，而是常常探詢孩子：「你喜歡什麼？在這個階段，你想學習什麼？」讓孩子塑造自己的學習節奏與方式，走出獨一無二的學習之路。

我的學習，憑什麼由你作主？——梓恩的故事

一、「為什麼我會被我的成績所定義？」

國中時，梓恩曾是資優班的孩子。隨著每日機械化的課表，重複著機械化的生活。他很少思考這一切是為了什麼。對他而言，他沒有太多選擇，因為身旁的朋友們也是這樣過生活的：考試差六十分多少手心就要被打幾下、老師說的話就是必須遵守的聖諭、放學回家寫不完的習題……

上數學課的時候，梓恩腦子裡都在想：我知道圓周率多少、有理數無理數、三角函數這些要做什麼？

梓恩家裡是做市場批發生意的。從小看著家人和龍蛇雜處的客人們打交道，常要觀察人的臉色，每句話說出去都要給人留下好印象，因為說得不好，就可能是最後一次交易的機會。然而，那不只是心機的角力而已，而是得用心待人，他暗暗佩服客戶各樣的疑難雜症，總能被父親熨燙得服服貼貼，離去前臉上總是帶著一彎滿意的微笑。

最難的數學概念，莫過於找錢、收錢等簡單的計算。「那我讀數學要做什麼？我讀得好或讀得不好，都可以畢業，進入社會，為什麼我要被課業打壓？為什麼我會被我的成績所定義？」他苦思而沒有答案。

在腦子轉完這一圈哲思的旅程後，他為自己下了結論：「這所學校沒有給我所需要的。」一想通之後，他決定不再照這套遊戲規則走了。

他要玩自己的！他已經不相信這個系統了，也不屑被這個系統定義。

撞球館、遊藝場、KTV成了他放學後溜達的地方，他豁達爽朗的個性，很快為他掙來了許多交心的好兄弟們。他跟著這群朋友每天在苗栗的暗巷、街角感受夜的沁涼。騎車乘著風馳騁，耳邊呼嘯著加粗排氣管爆裂的聲響，伴隨著菸和酒精，是他從未嘗過，所謂自由的滋味。

回想這一段無須負責、隨心所欲的狂飆年少時，梓恩說：「對家人來說，我是個拖油瓶，我給他們的，就只有滿滿的無奈，他們也只能將這些無奈向客人說。」

升上苗栗高職後，很快就因打架、鬧事而辦理休學離校。隔了半年，他被家人半強制送到台北的開平餐飲學校念書。

二、「教官，你等我把這根抽完。」

第一天上學，梓恩覺得自己好像被拔去獠牙的猛獸，渾身都不對勁。身上的紋身也莫名地發癢，似乎很想竄離被拘束的身體。

即使在一個學風自由的學校裡，他仍必須穿上制服，早上八點到校，下午四點離校。很快的，他想念起他在苗栗的朋友們，想念那迎著風、毫無忌憚的自由。

然而，他拉不下面子和家人說要休學，他決定用行動來表達自己的不滿。學校內，只有五條界線，其中一條，就是抽菸。那對他來說，根本就是家常便飯。

有一天上課時，他刻意翹課，在廁所盡情抽菸。教官來的時候，他大步跨到教官面前，嘴裡吞雲吐霧，慢條斯理地說：「教官，你等我把這根抽完。」

在開平，學生們私底下戲稱這五條界線為「五大天條」，凡觸犯天條，就是做出選擇，暫時離開學校。然而，這不是為了懲罰，而是為了改變，這個改變的歷程稱為「法治教育」。

隔天，學校召集了教師代表、家長代表、學生代表，組成了法治會議，釐清梓恩違反界線的原因。他豁出去了，他要竭盡所能達到目的——休學。於是法治會議的時候，他一身便服，拎著一袋早餐，面對會議中的委員們，聽見他們的問題時，他撇嘴表現不耐煩，或睜大圓眼盯著問問題的老師，想盡辦法讓大家覺得自己不可教化，而把他趕出校園。

在其他學校，也許這招還能成功，然而在開平，這招僅能引發老師的好奇。

梓恩無意間將一句話聽進去了：「這所學校不是嘗試要教你什麼，而是營造一個自由的環境放手讓你碰撞，讓你為自己的每個選擇負責，並承擔起相對應的責任。」

他抬起頭來，側耳聽這個陌生的老師繼續說：「或許你可以趁這一週離開學校的時候，去度個假，轉換心情，回家想一下未來要做什麼吧！」

他很驚訝在這個會議中竟然沒有人斥責他，大家似乎在努力理解他，而不是想快快懲治他。他一反常軌地把老師的話聽了進去，當天放學，買了去台東的火車票，一個人跑到鄉下去度假。

度假才第一天，台東靜僻的無聊就讓他無法忍受。放空了心靈、放空了腦袋，於是他又開始思考了。

「我還要每天面對家人的無奈嗎？」

「我真的要再次離開台北的朋友們，背離我熟悉的生活圈嗎？」

「我還有地方去嗎？我真的想過苗栗荒唐的夜生活多久？」

「苗栗的那幫兄弟們都在打零工、做工地，我想要長久過這樣的生活嗎？」

「這所學校似乎不一樣，如果真的輟學，還有哪一所學校可以容忍我的狂妄？」

此時的他，踏不進學校，也回不到以往的生活。他感到自己站立在虛無中，四面楚歌。他意識到自己可能真的回不去了。他不可能回到以前的生活，無法面對家人殷殷期待的眼神。

「好歹我在台北的生活圈都在這所學校裡。我如果不好好正視這次法治教育，爭取回到學校，我無處可去。在學校雖然被拘束，至少有朋友陪我一起被束縛，也能一起出去玩。」鄉間的空氣讓他清醒了。

回到了台北，他很快採取行動，幾個改善約定和報告處理完，就回到了學校。但老實講，即使回來了，他心裡仍然過得不踏實，仍是得過且過，沒有目標方向，一到了週末就回到苗栗，和之前的朋友徹夜遊蕩，生活糜爛。感覺像是週一到週五入監被約束，週末出去放風玩樂，等到時間到了再回學校受限制。

三、「我，滿不滿意自己的擺爛？」

時間快轉到二年級下學期。梓恩來到一個特殊的班級——「探索班」。

在二下這個階段，多數的孩子們都到學校外的單位實習，將他們在校內所學的應用出來，但有少數的同學並非如此，一部分是因不清楚未來志向、拿不定主意，一部分是沒有通過校外實習的基本門檻；另一部分是到了校外實習後，因為適應不佳或其他因素返回了學校。

梓恩就屬於最後這一種。「我身旁的人都不求進步，覺得生活無聊，漫無目的。」回到了學校之後，他幾乎放棄了自己，每天上學，就是睡覺、滑手機，擺爛，想幹嘛就幹嘛。

也就是在這個最低落、黑暗的時候，梓恩遇見了從此改變他生命的老師家聲。家聲成天綁著頭巾，每天都換上新的花色，將一頭狂野的長髮管束得服服貼貼，就像他內心對孩子們烈燄般的關切，安穩地包覆在他和煦溫暖的語調，與他邏輯清晰的思路之內。

有一天，早上的第一堂課，家聲默默地進班，搬一張椅子坐在講台上，不發一語地盯著他們。同學們也不為所動，繼續自顧自地做自己。老師不上課，讓他們更自在地縱情玩樂。

到了下午，家聲仍舊維持一樣的姿勢，靜靜地看著大家，梓恩感覺他好像佛壇上的神像，靜謐高貴，將屋內發生的一切盡收眼底。

放學前，家聲終於有動作了。他逐一走到孩子們面前，詢問每個人兩個問題：

「你今天做了什麼？你學到了什麼？」

面對家聲的問題，梓恩無言以對。但這個看似平凡的舉動，卻引起了梓恩的注意，他的腦袋開始轉起來了：

「這個老師到底在做什麼？他是否想讓我們知道，如果老師沒有在台上上課；如果老師沉默不語，學生還能帶走什麼？如果沒有一個老師站在台上，我所有的事情要靠我自己完成，這樣我到底學到什麼？」

在家聲無聲的注視下，梓恩感受到了比語言更具穿透性的訊息，他彷彿聽見了家聲內在的呼喚：「你們滿不滿意自己的擺爛？」

隔天，家聲進到班級，柔聲對他們說：「我也知道你們想擺爛，但我不能讓你們這麼做。我必須向學校負責，對我所領的薪水負責。我只要在學校一天，就要為你們負責。在什麼場合，扮演什麼角色，做什麼事情。這是我想帶給你們的事。」

家聲的直率打動了孩子們的心。梓恩忽然感受到家聲身上的重擔，他必須照顧到兩邊，他必須在我們擺爛和不擺爛之間平衡，既要對學校交代，也要對學生交代。

梓恩回想起一年級時抽菸法治的經驗。一般的學校為了學生的犯錯而聚焦在懲罰，但他注意到開平的老師一直在接受學生犯錯，接受學生現在的樣貌。讓學生知道這個行為，會帶給他未來什麼結果和影響，並陪他一起思考角色與責任的關係。

梓恩開始覺得，台上有老師是件幸福的事。在這個班級，如果他什麼都不做，平白荒廢掉時間，有一天，他還是得要面對未來的事。

他莫名察覺自己身體內有個東西在亂竄，讓他發癢。他感到自己好像餓慌的小狼，想撲向最近的一頭獵物，讓餓了多年的肚皮得到飽足。

他發現自己竟有了種想學習的欲望。他想做一些事，開始為自己的生命負責。

家聲表面上的無所作為，卻讓梓恩開始想要有所作為。

四、一點一滴，建立成就感

接著，家聲陪著這個成就感低落的班級，從最基本的開始做起。

家聲讓他們打掃全校最髒亂的空間──回收場，因為諷刺的是，他們往往也是最不認真做好垃圾分類的班級。

第一天打掃就刮著大雨，彷彿上天在測試孩子們的決心。梓恩想說既然要打掃，就不能交差了事，得把事情做好。他班上找了幾個朋友，號召其他同學拿起竹掃把、畚斗、垃圾袋一起打掃。全班三十多個人，擠在一條窄窄的回收走道上奮勇地和垃圾作戰。梓恩想起了苗栗那幫兄弟們，只是這次不再是飆車、幹架，而是一起清理全校的垃圾。

看見整齊有序的回收場，以及被收拾得服服貼貼的「垃圾們」，梓恩心中湧出一種好久未曾感受到的成就感。

他和同學們發現，他們不是無用、被拋棄的一群，而是被珍惜、受到看顧的一群。因著被珍惜，他們也開始學習珍惜。帶著這次的成就感，繼續努力完成其他事，一步步建立自信心。

為了這群特別的孩子們，家聲主動和學校爭取，讓他們不只看見自己的處境，自憐自艾，而是有走出校園，為社會接觸的機會。

家聲結合課程，帶著全班到家扶中心陪著弱勢的孩子們包水餃。活動結束時，家扶中心的孩子們真誠的感恩，讓梓恩莫名地感動。當他發現自己的能力也能帶給他人什麼時，他變得更有力量，心裡也更踏實了。

「家聲一直創造機會，讓我們有機會受到別人的肯定，他一直在尋找讓學生被肯定的理由。他把我們當作寶貝，在各種場合中『推銷』我們，讓我們能被學校、外界看見。他規劃不同的大小活動，給了我們自信，也給予我們建立成就感的機會。」在活動事後回顧，梓恩感慨地說起家聲這一路的用心良苦：

家聲會為了我們而改變。他根據學生的特質不同而做改變，如果我們不喜歡讀書，他就會用我們能接受的方式陪伴我們；他傾聽我們的需求，也為我們爭取學習的機會。他不會覺得我們不好而打壓我們，反而去理解我們的心聲，站在學生的立場思考。他總是耐心等候，等待我們發光、發熱；在這之前，給的是無盡地陪伴，從不放棄。透過這一切的努力，最後他得到學校的認可，也贏得我們的好感。在我看來，這是一件很偉大的事。

五、「我要散播這份成就感，給我三百七十位的同學們。」

到了三年級下學期，梓恩幾乎改頭換面。在探索班的一年，他累積了很多的成就感。他心想，既然我準備要離開這所學校，就算我三年一事無成，我一定要做一件重要的事，來感謝這三年來曾經幫助過我的人，好好向他們表達我的心意。

於是，他下定決心，他要挑戰三下由學生一手籌劃、提案、舉辦的活動——畢業成果展的學生執行長，帶領三年級三百七十位同學一起執行高中生涯的最後一次專案，將自己這三年所學習到的事物應用在活動中，也把他在探索班得到的這份成就感，散播給其他同學們。

理想是美好的，過程卻常是痛苦的。

「開平做任何一件事，都會不斷詢問學生背後的目的，讓我們擁有思考能力，非常清楚自己要幹嘛、要做什麼事，而不是呆坐著等待事情會神奇的完成。」梓恩最熬煉的時刻，就是每夜苦思白天老師們針對活動企劃案所問的問題。

面對一次次的提問，梓恩深沉的反思。在這次的活動中，他完全跳脫以往的框架，帶著學生企劃團隊撰寫多達四百五十頁的企劃案，打造前所未有、媲美五星級飯店高規格的千元畢業餐會，並在兩天內讓數百張票券迅速銷售一空，也吸引了媒體的報導。

在舉辦活動、擔任學生執行長的體驗中，梓恩常常想起自己的爸爸。他想到爸爸和客戶互動的畫面，他覺得自己正在踏上父親這條路，學習做人處事，用心對待所接觸的人，並看見每個人的價值。他突然有個領悟：現在所有的學習，都是為將來做準備。

「在承接這個角色時，我發現自己在未來工作時，也能跳出員工的思考模式，站在經營者的角度看事情。我的格局變得不同，慢慢去顧到全局，顧及人的感受。以往做事時，常常只是為了做而做，但現在我覺得每件事都是在為自己行銷。」

畢業成果展活動當天，彷彿是梓恩一家的大團圓。上到九十多歲的阿祖，下到弟弟妹妹們，全家族十多人從苗栗上台北。

在活動的最後，爸爸無預警地走上大舞台，給了梓恩一個好大、好大的擁抱。在這屏息、迷醉的十秒裡，時間暫停了，父子都閉上眼睛，這五年的畫面在他們眼簾飛掠。梓恩心中說不出口的歉疚、滿腔的感謝，在光陰裡柔腸寸斷的掛念，都交織在一起，被一道瀑布般的暖流沖刷洗淨。當他大大的雙手環扣在爸爸背上時，他發現爸爸變得比記憶中瘦小許多。他不知道有多久，沒看到父親的微笑了；不知道有多久，沒有和父親擁抱了。

活動結束，梓恩目送一家人走路有風地離開校園，看見他們輕盈的步伐、喜悅驕傲的神情，和多年前每次父親總是丟臉地去學校處理他的麻煩事，成了極大的對比。他心想，畢業後，終於可以安心地返鄉了。

六、「我帶走的，是從零開始的勇氣。」

畢業典禮那天，家聲的臉突然投影在大螢幕上，梓恩聽見家聲對他的肯定和感謝，語氣中流露著欣慰。

很多時候，我們看不見自己的改變。真正的改變不是照著鏡子，臉上歲月的痕跡，而是當你走在路上，人們看你的眼神、和你說話的姿態。聽見家聲在影片裡的回饋時，梓恩的視線模糊，他驚覺這三年自己已向前走了好遠、好遠，他也可以無愧地向自己交代了。

畢業四年後，梓恩接受我的邀約，回到學校分享他的故事。他剛開始承接家裡的生意，做起了海產批發商，每天有學習不完的事。方正的頭顱，乾淨俐落的平頭，搭著方框眼鏡，說起在開平的回憶時，常常若有所思，一開口卻又滔滔不絕：

從我進來，到我離開，甚至到我畢業四年，家聲與老師們一直都陪伴在我身邊。名義上我雖然畢業了，但師生建立的感情到現在仍舊維繫。這個陪伴，帶給我強烈的歸屬感。即使我已經離開這個環境，但陪伴可以讓我鼓起勇氣去做任何一件事，讓我有一股動力往前衝。在我畢業時，我從學校帶走的，是一頁光亮潔白的紙，是從零開始的勇氣。學校任何一個專案活動，從小到大，都是學生一手策劃的。

讓學生從無到有，從零開始。老師不會在旁下指導棋，而是讓學生學習合作，自主學習，共同摸索、創造。這帶給我最大的影響，就是即使現在事情看起來不可能成就，乍看好像什麼影子也沒有，仍可以一點一滴，著手去實現自己想要的一切。畢業這些年，我和許多開平一起畢業的同學們保持聯繫，即使少數後來沒有從事餐飲，他們仍然可以跨出自己的舒適圈，找到自己真正想做的事。我想，開平給予我們最珍貴的一個東西，就是一張進入社會的入場券，讓我們能勇敢相信自己。

順性發展——「只要孩子有夢想，他就一定會做到！」

梓恩三年的故事，正是PTS教育中「分段」理念的精粹縮影，而「分段」的精神在於「順性發展」。PTS教育的創辦人夏惠汶曾說：

PTS教育在做的事，是讓孩子從一片渾沌中，釐清、發現自己要什麼。本來孩子只是模模糊糊以為自己要什麼，現在讓他停下來，想一想自己要什麼。這是一件智慧、了不起的事，讓自己歸零、長出智慧。

能力都是可以被磨練的，在現在的世界，只要你願意，取得知識都很容易。

人生最重要的是做決定。

當人想清楚決定自己要做什麼時，就一定能做到好；當孩子真心想做一件事，即使全世界都阻擋，他也會奮力一搏，排除萬難完成。就怕孩子沒有想學的動機。

因此，夏創辦人相信，只要給生命空間，生命終究會找到力量、找到出口。順性發展，是他對教育最穩固的信念。

在這樣的教育氛圍裡，學生的角色被顛覆了，傳統的權力關係也被打破了，孩子不再處於學習的卑下位階。PTS教育也將學習的自主權歸還給孩子，因為相信孩子才是學習的主體，也讓孩子開始為自己的選擇負責。於是，學校從傳統關注教師的「教」，轉變為探討學生在學校應該「學什麼？」以及「怎麼學？」

關於順性發展，有五個重要的內涵：

一、欣賞孩子原本的樣子

有的孩子是「蘋果」、有的是「橘子」；人絕對無法用單一的、一體化的標準來衡量、排序。PTS教育提供讓孩子本能發展的環境，讓孩子長成自己最好的樣子。

二、協助孩子找到自己的亮點與限制

在成就大事之前，要知道自己是誰；要知道自己是誰，得認識自己的愛好與擅長的事物。在課程中，老師們讓學生有機會自我探索，找到自己的脈絡。

三、協助孩子找到追求夢想的方法

「三十五歲時，你會成為什麼樣的人？」這是教師常會問孩子的問題。讓孩子不斷思考未來的樣貌，並一步步設定目標、計畫，以終為始，朝夢想前進。

四、以自己的步調、方式成長與學習

教育的目的是學習，而非競爭。當孩子能接受自己的樣貌，就會慢慢走上自己的路。在課堂中，老師引領學生找到學習樂趣，並找到多元學習、多元呈現的方式。

五、將學習的自主權歸還給孩子，培養自學的個體

學習的責任不在老師，在於學生自己。當孩子能獨立思考，老師就慢慢放手，相信生命本質向上，會自己找到前進的力量。

於是，在這樣的學習環境中，教師的角色也跟著改變。老師開始思考的是「我該如何給予學生選擇的空間？」例如：有興趣的主題、學習的節奏、專案任務的角色或是共同參與評量。

或者是「我可以提供什麼樣的資源？孩子的彈性空間有多大？」以及「什麼樣的課程對他更有幫助？」因此，教師可以在班級課表中，有機會讓孩子安排自己的課程，或者在實踐性專案中，選擇他想要的任務組別以及想扮演的角色，讓學習的速度與方式，回歸到學生的需求。

最終，在每個獨一無二的生命面前，PTS教育的教師會對他說：「孩子，不急，你慢慢來。此時此刻，你選擇什麼，你對學習的想法是什麼？」

關鍵字No.2：主題Thematic

2-2

跨領域的人生與學習

真實的人生是跨領域的，生活的知識無法強迫拆解，形成碎片化的知識和課本。現實的情況是，孩子在分科教育中看不見關聯性，和生活脫節，無法產生有意義的學習，學習經驗將更為挫敗。

沒有課本的學校

「在這所學校沒有課本。」

當我和在考慮入學的學生們講出這句話時，他們臉部肌肉好像一九二〇年代的默劇，閃現了各種微妙的小劇場。

一臉問號的狐疑、保留態度的冷靜、匪夷所思的錯愕……

「真的，這所學校沒有課本！」

我加了重音，好似在頒發聖旨般，再度說了一次。這次，孩子們如同大夢初醒，臉上的表情進入了第二階段的劇烈改變。

難以置信的驚喜、如釋重負的放心、從深淵解放的滿足……

我內心一陣嘆息，對過去的他們來說，學習，似乎就是一本本課本的總和。

看著這些年輕、還未經過人生太多負荷的臉龐，把我的記憶帶到了二〇一八年末的冬日。

那是《天下》雜誌「微笑台灣創意教案」的頒獎典禮當天，我和學校的另一位老師站在台前，手中握著「最佳創意獎」的巨幅獎牌，內心悸動不已。

評審們說，這是首度開放高中職參與的一屆。除了第一次參賽就得獎之外，「你我的家族菜．我們的台灣味」更是眾多教案中，難得實施歷程長達一整個學期的課程；不用制式教科書，參與的學生人數多達三百人，每個環節彼此相扣、逐步鋪陳，成為一個連貫的整體歷程。

回到原點，其實想法很簡單，我和老師們想讓學習的主權回到孩子身上，以學生的經驗為核心，發展出能活化的課程，創造讓學生深愛、認同的學習經驗。

關於教育，你最想改變的一件事是什麼？

在帶領台灣各地不同學校老師進行PTS教育工作坊時，我常會問大家一個問題：「回想過去的自己所經歷的教育歷程，你最想改變的一件事是什麼？」

這時，很多老師都會陷入沉思，回到各自人生不同階段的教育情境。隔了幾分鐘後，當大家從過去的時空回到現實，答案常會出現異曲同工的交集：

- 我想改變的是反覆背誦、考試的恐怖循環。
- 我想讓學習和生活有關，因為從不理解教科書與實際生活的關聯。
- 一人講、眾人聽的死沉課堂，而且還不能睡覺真是太痛苦了。
- 課本不該是學習的全部，學生應該有決定自己學什麼的空間。
- ……

聽起來，大家渴望改變的，是一體化、制式、和生活沒有關聯的學習經驗。

過去的創新，今日的傳統

然而，這種到現今甚少人喜愛的學習模式，是怎麼發展出來的呢？

現今常見的教育模式，出自一段獨特的歷史背景，那是一個十九世紀英國工業革命，以及哲學思潮對天賦人權的信念開始盛行的時代。

於是，現代學校教育體制慢慢建立成型，從少數人受教育，普及為人人都有受教的權利。知識也被系統化、被分割放入一個個學科的盒子、一本本的教科書中，讓它更利於傳遞、灌輸。

為了讓每個人能上學，學校變成了如同工業化的生產線，量產出成千上萬標準化與缺少特色的孩子，正符合業主對順從的員工的需求：做個生產線上盡職、有效率的螺絲釘，四十年來做同一份工作，結婚、生子、買房、退休、老朽、死去。

工業革命背景所孕育出的教育模式，快速被複製到世界各地，對當時的確是了不起的教育變革。然而，到了今天，它卻老態龍鍾，拖著龐大的軀體行走了兩百年，對現今注重多元、快速變動的時代早已顯得不合時宜。就像波蘭社會學大師鮑曼（Zygmunt Bauman）所說：「在我們這個不穩定的世界裡，一切都風雲變幻、捉摸不定，正統教育的最終目標，如固定的習慣、可靠的知識觀念和穩定的價值偏好，現在都成了障礙。」

維繫這套教育最重要的模式，在當代社會慢慢行不通的原因至少有三個，也是PTS教育嘗試要解決的核心問題：

一、不符合人類真實的生活經驗

分學科授課不符合生活中人們的真實經驗，學生難以看見整體的知識，也看不見知識間的連結，更無法和生活經驗結合。

當人吃一隻熱氣騰騰的鮮嫩烤雞，他不會在腦中將這個經驗刻意按照學科切分成不同部分：理解烤箱溫度讓全雞產生的化學變化、思索舌頭味蕾在嚐到雞腿時的運作方式，計算烤雞每一部分的卡路里是否符合自己的瘦身計畫，想像雞隻從孵化到屠宰的悲慘經驗……。那是荒謬奇特的，也容易讓自己精神分裂，不該輕易嘗試。相反的，這所有的經驗都美妙地整合在一起，成為一個完整、滿足的體驗。

真實的人生是跨領域的，生活的知識無法強迫拆解，形成碎片化的知識和課本。現實的情況是，孩子在分科教育中看不見關聯性，和生活脫節，無法產生有意義的學習，學習經驗將更為挫敗。

二、未來的世界不照劇本上演

現代的孩子一生下來就活在手機和網路的時代，孩子們更新的速度幾乎和

iPhone軟體更新的速度一樣飛快。世界在快速改換，但教育的節奏卻明顯無法跟上。

蘋果公司教育副總裁約翰．庫奇（John Couch）在《學習的升級》一書中，用了一個相當適切的比喻——他形容學生就如同演員，過往的教育只教導學生依照劇本表演，而評量學生的學習就在於是否符合教科書的內容，其學習效益極為低落；但是未來的學習，卻像真人秀一般，沒有劇本，只有約略、模糊的概念，無法精準預測，卻也更為精彩。

聯合國教科文組織（UNESCO）在一九九六年所出版的《學習：內在的財富》一書中，談到學校該帶給學生的學習的四大支柱：學會認知、學會做事、學會共同生活、學會發展。幾年過後，大概是發現世界急劇變遷的趨勢超乎想像，於是趕緊在二〇〇三年更新版的書中，加上了第五支柱：學會改變。如此面對未來變動世界的能力，對於偏向教導學習知識的傳統教育，也是疲於應付的。

三、單一、**搪塞的純理論學習模式**

有「世界教育部長」之稱的肯尼斯．羅賓森爵士（Sir Kenneth Robinson）就曾在

TED演說中，以幽默的方式說到普遍的大學教授住在自己的腦袋裡，僅把身體當作運送頭部的工具。

傳統教育下的孩子們腦中塞滿了畢氏定理、赤壁賦、牛頓第二運動定律，卻絲毫不曉得這些人類智慧的結晶如何應用在生活中。

很遺憾的，傳統教育強調單一的學習模式——尤其是視覺和記憶，讓孩子的腦袋裡塞滿教科書，卻忽略了人是由多重的感官經驗來建構對這世界的理解；孩子因而無法親身去體驗知識，用五感、用豐富的心靈與雙手，去探索這世界的奧妙。到最後，學習淪為爭取成績的遊戲，孩子們學會了背誦與考試的訣竅，取得了文憑，卻犧牲了學習。

讓孩子開始喜歡讀「書」

在英文中，教育「education」的字根來自於拉丁字根「educe」，為「取出……」的意思。教育的意涵本該是取出人的天賦，發揮其價值，但如今的教育卻齊頭式平等地，將所有的孩子教成平庸、毫無特色。

回想自己高中的讀書經驗，那時的自己，對一冊冊的課本感到厭煩，也對巨大的教育體制感到無力。當時我最大的抗議方式，就是拉著木椅坐在最後一排角落，翹起兩隻椅腳，背靠著牆向後躺，耳裡塞著CD隨身聽的一隻耳機，邊聽席琳・狄翁（Céline Dion）、瑪麗亞・凱莉（Mariah Carey），邊在桌下狂嗑金庸、倪匡，因為唯有這樣才能平靜我滿腔的焦躁和憤怒。

夏杯曾說：「孩子不是不喜歡讀書，而是不喜歡讀教科書。」學習不是背完了一本本的書、考完了一場場的試；學習是打開自己、遇見自己，以自身為起點的探索旅程。

的確，乍聽下來「沒有課本」好像很吸引人，但對孩子們來說，在每個學期結束前，他們要自己創作個人化的一本「書」，用文字、圖像、表格記錄他們豐富的學習歷程。

在把課本拿掉後，經過了一年，我讓學生自己分享對這一年新的教育體驗的感受，其中兩位孩子說：

在我國中的時候，我是一位不喜歡讀書的小孩，而我在老師的眼中也是一個麻煩製造機，總是被當時的老師邊緣化，實施「種族隔離政策」，所以在國中非常的不開心；接觸了PTS教育後，當時種種不開心的感受都沒有了，這就是給更多人展現的舞台。

一年級進來時幾乎不太敢在眾人面前說話，也不知道要如何去辦一場活動；透過一年的學習，挑戰不同的職位、角色，參與不同的活動，愈來愈能放開自我，在眾人面前講話比較不怕生，也變得更有想法、更敢表達自己的意見，慢慢地找到自己的特點和方向。

看著孩子們自信地說著自己學習經驗的轉變，換成我的臉部上演起各樣小劇場了。油然而生的感慨、五臟六腑翻騰的感動、無以復加的驕傲……

案例故事 二〇一八年得獎主題課程：你我的家族菜‧我們的台灣味

想媽媽的時候

十五歲的婷恩一身西裝，嫻雅地站在台上，聲音情不自禁地發顫，青澀的笑容，背後醲著一家人——不論已逝或在世的支持和鼓勵。

「什麼是家族菜？對我來說，就是傳承一個家的味道。」這段故事她已經說了不下十次，但每講一次，她就哭紅眼一次。望著台下的人頭攢動，她調整呼吸，深深吸一口氣，繼續接著說。

今日她起了一早，走入學校餐廳的廚房，眉頭深鎖，努力重現記憶中阿嬤拿手家常菜——蛋酥滷白菜的味道。她不許自己遺漏任何一絲味道，她知道必須原汁原味呈現風味，因為這天，雖然七年前過世的阿嬤無法前來，但阿嬤的兒子會來，她得讓爸爸吃到母親的味道。

做菜的時候，婷恩感覺阿嬤陪在她的身邊，牽起她孩提時代稚嫩的小手，為她注入溫暖與力量。彷彿她烹調的不是菜餚，而是思念的畫面、阿嬤的臉龐，與被疼愛的自己。

端著菜餚走出來的她，再平凡不過的滷白菜上方飄著熱煙，有了種加持後的光環。

幾個月前，婷恩走進我的教室，個性溫和的她，卻常露出堅毅的神情，白淨的臉蛋常若有所思。

高一上學期的課程開始了，這學期的課程脈絡從自我探索到家庭故事，再從家庭到土地一圈圈向外蕩漾。到了家庭的課程段落時，婷恩聽見我說：「好的菜餚該能訴說故事，呈現料理背後濃濃的情感與初衷。在你的家族中有沒有一道菜，能串起家人深處的情感，將人們聯繫在一起？」她腦海中立刻跳出許久沒有想起的蛋酥滷白菜。

「妹仔，不要哭了。這是我剛剛煮好的白菜，快來吃！」阿嬤生前在她生日的時候、做錯事被罵的時候、過年全家團圓的時候，都會燉煮這道菜，她還記得阿嬤慈聲的呼喚。祖孫之情不言可喻，全包裹在菜餚中。

她也想起當廚師的爸爸，這幾年在想媽媽時，就會安靜走入廚房，滷製白菜、炸起蛋酥，在飄香的味道裡呼喚母親。平常手腳俐落的父親，在廚房時速度變得好緩慢。看著父親做菜的背影，不知怎地給了她無窮的力量，甚至默默引領如今的她走上餐飲路。

這天，是家族菜的發表會，婷恩代表全一年級的學生，走入廚房製作家族菜，也在台前分享菜餚故事。

「這樣的課程，讓我曉得自己是怎樣的人，有著怎樣的過去、對家庭背負著怎樣的責任。」她的語調，有穿透靈魂的誠摯，說到這段時，眼光和我交會，她瞥見了我偷偷擦去眼角淚水的那刻。

一道菜，燉煮著三代親情，在思念中圍爐共食。結語中她說，阿嬤會離去，但菜餚會傳下去，她會煮給自己的孩子吃，也會囑咐孩子要代代交棒，用這道思念的菜餚，將家人的心緊緊繫在一起。

為什麼設計這門課？

用一整個學期的時間展開的「你我的家族菜‧我們的台灣味」課程並非空穴來風。

這套課程是數十位老師們十多年來的經驗琢磨的精華，共同備課的時間與做中學、錯中學的心血更是難以估量。在設計的過程，老師們主要思考兩個層面：學生圖像與社會脈絡。

一、學生圖像

經過好多年的教學經驗觀察與數據分析，老師們看見學生的幾個現況和樣貌：

- 剛從國中升上高一，抗拒制式的考試、讀寫和填鴨式的學習。
- 因傳統教育單一評量模式而受挫、學習動機低落、自信心不足。
- 缺乏與人互動，難以用文字或口語表達出內心的想法。

甚至有些孩子畏懼所謂的「學習」，出現了類似「習得性無助」的症狀，早已放棄了學習的可能性。

過去的課程沒有和他們產生關係，知識對他們來說，是和生活絕緣的，是無法用手摸到，用口嚐到、用耳聽見、用眼見證的。

老師們也察覺台灣的孩子對於本土的認知與情懷不足。孩子們不認識自己，不清楚自己所要的，和家庭的互動薄弱，對台灣多樣族群的交織感到陌生，更不認識台灣這塊土地的萬般美麗。

二、**社會脈絡**

另一面，教師們注意到，多年來整體的社會趨勢，有一種從全球化到在地化的走向：

- 從高度商業化，到強調手作和文創。
- 從崇尚國外飲食，到回歸思索台灣自己在地的味道。

● 從對土地、生產者的剝削，到回饋社會，強調產地到餐桌的永續飲食。

近年來，台灣味漸漸成了顯學，它多變的特質尤其引人入勝。《天下》雜誌三十六週年特刊「幸福台灣味」中寫到：「台灣味道甜美、迷人，卻拙於呈現、苦於表達。」並引用名廚陳嵐舒的一段話說到台灣味的重要性：「尋找台灣味，是尋找自己的根。……在飲食、過去跟現在被連結起來的時候，我們才真正知道我們是誰、我們吃的是什麼，然後在這片土地上，才能夠真正安身立命。」

台灣味是什麼？是台南的筒仔米糕，是士林的豪大大雞排，還是阿里山的新寵咖啡？一個好的主題，必須兼具深度和廣度，讓學生可以探索其中的豐饒，不會很快就被標準答案綁住。

當孩子們更認識自己時，也更能坦然面對台灣之外的廣闊世界。因為愈在地，所以才有機會更國際。

在會議中，老師們共同討論，如何才能讓學習活起來？如何讓課程真切實在地讓孩子有感？於是，一年級上學期的主題課程隱約成形。

從自己出發，有如同心圓逐步向外擴展的課程

於是，教師團隊決定以「味道」做為一學期課程的核心主題，以多元活潑的學習法，串連不同學科的內涵與知識。從一年級上學期開始，台灣味的課程就緩緩鋪陳，如同一輪輪的同心圓，遞次向外擴散。

圓心：自己

生命中的第一個體驗，可能是第一次學會走路、第一次說的一句話……總是佔住生命記憶體中獨特的位置。老師們會問學生：「那你記得生命中的『第一個味道』是什麼滋味嗎？這個滋味又如何呢？」

人生第一味可能會影響自己一生尋尋覓覓的味蕾記憶，也可能影響你對食物的特殊嚮往。課程讓學生從自己出發，透過味覺切入，追溯記憶的起源，重新理解自己的生命經驗，也開啟未來繽紛的食味之旅。

第一圈：家庭

家裡飯桌上的飯菜香，是人們最深處的情感與記憶的聯繫，溫度伴隨著記憶中的氣味與廚房裡忙碌的人影，時間再久也不會隨著空間的錯換被取代。課程中讓學生將家族裡這份菜餚美味與家人的溫暖美好，透過拍攝「一百秒家族菜」影片記錄下來，過程中孩子們與家人的互動將更加緊密，也用了自己的方式寫下家族故事歷史性的一刻。

透過在班級中相互分享個人的家族菜，學生逐漸能看見一個班級中家族菜的群體圖譜，理解台灣社會不同家庭、不同族群的生活與餐桌文化，在關係與記憶裡涉水追溯共同、熟悉的味道。

母親是韓國人的楠楠，想讓更多人認識韓國的堅毅與溫柔，做出了道地韓式辣炒年糕，在分享的時候她說：「台灣的街道上雖然隨處可見韓國料理，但真正認識韓國文化與飲食的人有多少呢？」令班上多人動容。

家族菜課程的最後，再邀請家長一同見證學生的家族菜發表會，端出香味滿溢的菜餚、解說其中巧思，最後全班學生和家長們團聚，享用各家的經典味道。★

第二圈：土地

延續家族菜，學生分組挑選彼此家族菜中最想認識的食材，透過學習網路與書籍的資料蒐集，並撰寫出隊計畫書，自主實地探訪生產此食材的第一線工作者，深入理解並珍惜食材、土地與人在地的故事。透過田野調查，找尋台灣在地、當季食材的故事，聽聽對土地感情深厚的農夫們對台灣味的看法。

完成田野調查的孩子，還要準備一個透明可密封的瓶子，帶回最能夠代表當地環境的物品，於口語簡報時與全班同學分享，這個小活動稱為「瓶子五感分享任務」。

出隊進行實地探訪的時候，往往就是文化衝擊的時候。有一隊的台北孩子相當可愛，出隊當天，他們隨手帶一杯 7-Eleven 的外帶咖啡，就大步踏進田中央和農民訪談，還不忘幫種菜的伯伯買一杯咖啡，彷彿是要到信義區逛街一般。

另一組公主般的女孩們到了宜蘭的養豬場，即使全身已穿了像是要登陸月球、密不通風的防護裝，當踩進豬圈的泥沼，被一群豬圍繞的時候，還是花容失色，紛紛驚聲尖叫。她們回來分享時，充滿了對生產者的尊敬；更有趣的是，當她們之後掃起地和刷廁所時，也更不怕髒和難聞的氣味了。

第三圈：族群

到了台灣味的課程尾聲，孩子們要去認識台灣多元族群的聲音。當今的台灣，匯聚了不同族群的味道：東南亞的酸辣、東亞的鹹鮮、中國的多變，或台灣本身的香氣，都有各自族群代表性的滋味。

課程讓學生蒐集二手資料，和親身訪談各族群的代表對象，理解這些族群味道背後的故事。

其中有一組孩子們為了瞭解台灣的日本料理文化和日本當地料理的差異，他們用Skype訪問一位日本高中女孩，即使彼此語言不通，但全程運用Google翻譯，居然也聽懂了五六成，搞懂了日本家庭重視禮儀規矩的飲食習慣與料理。

用年輕的聲音，說出這一代的台灣味

在學期的最後，「台灣味」──這個難以捉摸，模糊多變的主題──就成為學生們「期末考」的命題。只是這不是一般的期末考紙筆測驗，而是一個將整個學校化身成為大型展覽館，從自己、家庭、土地、族群，來總結自己的台灣味論述，引發出眾多族群交融、超越想像的台灣味「美食展」期末發表。

小小的島國，小小的學校，三百多位十五、六歲的孩子們，卯足全力，結合自身生命經驗，建構出團體智慧，共同激盪在地化知識，呈現大大台灣味的萬種風情。

很多家長都坦言，一開始聽見主題教育時，內心真的不太放心，不知道到底課程會怎麼教、孩子會學到什麼。但當自己親身見證孩子的期末美食展發表，在看見孩子用展覽、簡報、表演、料理等多元形式的表現時，展場立即變身成記者會，家長們紛紛舉起手機，個個都驚訝小孩竟然重燃了對學習的渴望。

小茹擔任的是這次美食展主持人，從原本姿態扭捏，經過幾週密集的訓練，最後能落落大方，舉手投足皆自然得宜，能在台上侃侃分享台灣味的故事，她說：

「這樣的學習讓我非常有成就感。我一定要讓爸媽看見我的成長。」

美食展的最後，有一組學生總結婀娜多姿的台灣味有了以下的結論：

「在這短短的四百多年中，台灣的味道不斷在轉變、流動。」

「但台灣味為什麼這麼容易被影響？」

「我們認為，當歷史中每個新的族群到來，台灣往往都會熱烈擁抱，吸納成自己味道的一部分。」

「不像歷史較長的國家，例如日本、墨西哥，明顯有核心的味道；台灣因為歷史短，加上人口又由移民所組成，沒有所謂核心的味道。」

這是他們一整個學期，透過五感經驗的學習與思考，表述出他們心目中的台灣味，真摯、獨一，格外珍貴。

在這個溯源和開展的學習進程中，學生們學習到資訊軟體應用、資料蒐集、口述歷史、訪談技巧、團隊合作，以及思辨與歸納的能力。而不同的學科能力——生命中的第一個味道（國文、生物）、傳家的家族菜（家庭教育）、食材田野調查（地理）、探尋族群的味道（歷史公民）、菜餚實作（自然科學），也在學生未注意之際，不知不覺交融在課程中。

學科不再只是學科。每個學習，都和自己切身相關；每個知識，都是自己用五感吸收到身體裡，一輩子也不會忘記。

老師們相信，尋找自己的根，知道自己是誰，才能在面對世界時安身自處。透過課程，學生由內而外，逐步撥開層層交疊的台灣味，一步接著一步，走入台灣文化迷人深邃的底蘊。期待在課程結束後，孩子們能夠從不同的層面，看見一個全新台灣的面貌，看見這塊土地上，所有味道的美好與可貴。

★：二〇一三年起，我們讓孩子開始探索家族的故事，包含各個家庭的獨特脈絡、傳家菜餚，以及學生姓名背後的意涵與期待。其中，傳家菜餚的靈感來源，來自於須文蔚教授《烹調記憶》專書的合作方案。

關鍵字No.3：社會化 Socialized

2-3

所有的學習，都該讓孩子能帶向未來

PTS教育最使人著迷的一件事就是，沒有一件事是不可能的；只怕想不到，不怕做不到。而專案企劃課程，就是讓想法迸發、激盪、翻攪，到最後落地、實踐的過程。因此，「做夢」不是無所事事的白日清夢，這些理念和夢想，最終都能對應到真實世界，也解決真實世界的問題。

在真實世界中，改變，才是常態

「學校如何帶出能因應環境的改變而創造、應變的孩子？而不是在既定框架中死守現狀、無法變通的人？」這是近年來在創新教育的討論中不斷被提起的難題。

多數的課程都是照著一套既定的教材和課表走的。學生一週的課表就像台北市整齊的四樓水泥公寓一樣，規矩而方正，經過精密的演算。

這樣的課程，能帶出遵循規範、按表操課的孩子；但真實世界是靜止不動的嗎？

被問到學生在實驗教育畢業後，是否能適應國中不同教育體系下的生活，走在實驗教育前端的台北市和平實驗小學黃志順校長說：「不論讀哪所學校，轉換一個環境總有適應的問題。所以真正的問題不是要不要適應，而是我們的孩子能否縮短適應的時間。若小孩都能夠達到自學，他們就能夠自己找到解決方法，適應新的學習環境。」

在真實世界中，一成不變是異常；改變，才是常態。

早晚有一天，孩子們都會離開學校。而當他們孤身一人去面對難以預測、瞬息萬變的社會時，能否滿懷自信，不被捉摸不定的浪頭淹沒？

PTS教育中的「S」，其中一個面向指的是「Socialized」（社會化），其核心精神是課程能對應社會議題，培養出能理解社會脈絡，進而根據環境的轉化，在現有框架中，去創造新的可能性的孩子。

而PTS教育中的「專案企劃」課程，正是「社會化」最具代表性的課程，課程的背後有四個思維：

第一，讓學生從活動發想、規劃、執行中，以團隊協作的方式，建立自信心，打造成功經驗。

第二，營造多元舞台，讓孩子應用在課堂中所學的知識，在一個真實情境中實踐、做中學。

第三，活動舉辦過程中，讓孩子們在錯綜複雜的人際互動中合作、共創，聆聽他人的聲音，也找到自己的聲音。

第四，創造不同的角色，讓學生有舞台可以呈現，在主題性的教學當中，呈現社會化的教學氛圍。

二〇二〇年席捲全球的新冠肺炎，剛好為三年級下學期的學生提供了一個殘酷而真實的舞台，這學期的主軸課程——專案企劃，也成了孩子們最艱難的考驗……

世紀疫情下的轉動學習

第一幕 延遲了兩週的開學

每年到了二月開學時分，都是開平餐飲學校三年級學生們內心怦然期待的盛典。兩百多位十八歲左右的孩子，經過了一年在業界的實習洗禮後，從不同單位回到學校，進行最後一學期的課程，好像遠方漂泊的船隻，約定好從四方一同回航返鄉。

在最後這個學期，有個活動在等著他們——畢業成果展。這是三年來規模最大、複雜度最高、學生自主性最強的專案。學校讓主導權回到學生，由學生自主從發想、企劃到執行一手包辦，每一屆的同學都渴望成為傳說，讓學弟妹仰望、追隨。對很多孩子而言，這是他們三年學習旅程終點的聖杯，是他們最終要取得的榮耀；同時，這也是這個學期專案企劃課程的主軸之一。

往年的畢業成果展，模式多是邀請畢業生的家長前來學校，舉辦展覽和餐會，讓家長能見證孩子們三年的學習和成果。

只是，學期一開始，就籠罩了一股不祥之氣。因著疫情緣故，延遲了兩週開學，大家彷彿預見了還有一陣狂風暴雨在前方等候著。

第二幕　當一切都分崩離析時，我們還剩下什麼？

英國作家狄更斯（Charles Dickens）在他經典小說《雙城記》的開場白寫著：「這是一個最好的時代，也是一個最壞的時代。」除此之外，我想這還是一個屬於我們的時代，無論好或壞。

二〇二〇年四月十日，台灣確診已近四百例，蔓延全球的世紀疫情新冠肺炎沒有止住的跡象，三番兩次帶來衝擊；它像個揮之不去的一團濃霧，滲入每個人的身體心靈。

這段時間，我和學生們都是以回應局勢的方式來規劃活動，常膽戰心驚看著手機裡指揮中心的訊息，深怕隔天又發布了什麼影響活動舉辦的噩耗：

- 一開始，在沒有疫情的狀況，我們想到飯店舉行一場轟轟烈烈的傳奇成果展。
- 接著，發布室內活動必須一百人以下，所以我們退一步，回到學校餐廳，打算辦一場小而美的精緻餐會。
- 再來，又釋出了得保持一點五公尺社交距離的限制，我們只好再考量是否改成茶點分享會，或管制參展的人數，拉開人和人的距離。
- 然後，下個消息會是什麼？還會有什麼法令限制？封城嗎？停課嗎？

我察覺，心理學著名的「嫌惡損失」（Loss Aversion），正發生在這群籌辦畢業成果展三年級的孩子們和我身上。

遺失一百元的感受，比收到一百元更加強烈；比起獲得，人們對失去的感受更切齒。根據研究，同量的損失帶來的衝擊約為獲得的二點五倍，因此，人類會盡其所能地避免失去。

這樣的生物設定，讓我們傾向打保守牌，讓我們做安全、可預測的決定。然而，愈害怕損失，反而愈容易遭受損失，愈無法從損失的挫敗中站起來。

一次次的改變和損失，讓我們灰頭土臉，愈來愈下沉，愈來愈無力，也快要沒了再次站起的勇氣，因為已經能預料下一波的打擊。

如果不改變，仍繼續以回應的態度來面對，堅持著「嫌惡損失」心態，我們還能承受多少變動？

很多孩子露出憔悴的臉，有一些無奈和失落，好像被擠乾了、抽空了，似乎沒有肯定的希望擺在前方，也有人說：「覺得快要沒有動力了……」

第三幕 我們來進行個「極端情況想像練習」吧！

給了孩子們標竿，卻無力陪伴一起達到；看到他們從渴望到失望，也許是教學過程中最難過、無力的事。

但轉念一想，PTS教育到底想教會學生們什麼？不只是學習縝密企劃的能力，而是一切都計劃周詳，以為妥當可安歇時，卻轉瞬土崩瓦解，還能繼續展現韌性，以沉著堅毅的態度，解決眼前的問題，保持應變與彈性。

變局，逼著我們縮限；縮限，卻讓我們發揮創意、展現毅力。

在關於疫情接二連三的噩耗消息發布後，我和學生執行長小強閉門長談，決定這一次，要毅然改變活動規劃的走向。我們要斷然拿起斧頭，擊碎湖面上殘餘的浮冰，破壞現況的穩定，直接盪到擺錘的另一個極端。

走一條沒有走過的路，雖然陌生，但心裡卻不感懼怕；因為信任，就相信能彼此共創。

這次，我們不再只想到此刻的應變方式，而是想到下兩步的方案；我們走在事件發生之先，而不是被時局壓著打。

這次，我們不再回應現象，不再被疫情追著跑，而是拿回主導權，轉身追著它跑。

回到班上，我帶著孩子們進行「極端情況想像練習」，我請他們思考：「如果疫情朝最糟的方向發展，還有什麼是無論形勢如何嚴重，還能穩穩執行、無須疑慮的方案？」

首先，掌握畢業成果展活動最核心的精神：統整展現三年所學、表達感恩與感謝。接下來，再一起找到極端限制中的最大創意可能，開創出一局從來沒有人下過的棋。

這是個充滿淚水和情緒滿溢的對話，到了下課前，全班達到了共識：我們決定不辦實體的餐會和展覽，而要辦一個新型態的成果展。

第四幕 企劃，就是做夢的能力！

在決定要大幅逆轉活動的走向後，我花了整整七個小時，徹夜和核心團隊的學生們一起重新「做夢」。

七個小時後，當我們走出閉關的門時，手中拿著一幅長卷。這幅長卷，就是我和孩子們所做的「夢」，我們以圖像完整呈現想做的事：冰山之上，是此次成果展想展現、創造的具體展出形式；冰山之下，是三年來吸收的養分，和畢展想要傳達的內涵與理念。我們決定以三個面向來規劃：

一、以「饗宴包」取代實體的餐會

實體的餐宴若要轉換形式，可以有什麼形式讓孩子展現三年餐飲的專業？我和學生們的答案是——真空調理包。

過往的成果展，是一場大型的三百人餐宴，今年跳脫框架，製作一千五百份饗宴包，讓三百個家庭在不同的時空中，都能享受的溫馨餐宴。

除了單純製作調理包，孩子們也在料理中融入對土地的關懷。每道料理都至少使用一個有故事性的台灣好食材，我們努力傳達一個理念：「以料理包覆台灣好食材，用食物傳遞對土地的愛。」

並以使用在地食材的理念，向台灣各地獲得產銷履歷認證的頂尖食材商爭取贊助，最終獲得十八養場、博士鴨以及有產銷履歷的四家菜農贊助（漢光果菜生產合作社、紅豆農產行、雲林縣西螺鎮蔬菜產銷班第十六班、高雄市加洲果菜運銷合作社），再經孩子們的手藝和巧思，製作成惟茸紅棗燉雞湯、蘭陽西魯肉、義式鄉村油封鴨附鴨骨肉汁、乳酪地瓜軟歐麵包等特色菜餚。

二、以「雜誌刊物」取代一次性的展覽

往年成果展都規劃了數間的展覽館來呈現三年的學習，雖然當日熱烈精彩，但也大量製作了一次性的美宣用品，讓展覽宛如光輝燦爛的煙火。

今年學生們想到可將實體的展覽轉變成雜誌上多元豐富的主題。讓學生們各自發想各具特色的主題，學習採訪、攝影、文案撰寫、版面設計等多元的能力，最後

製作成清新的文青風雜誌刊物。

原本一日就結束的展覽，變成長久存留的雜誌，不管畢業多久，在任何時間都可以舒適翻閱。

三、以「線上節目」取代現場的表演活動

第三個展現模式，孩子們想到以拍攝節目，並在社群網站上進行首播的方式，讓更多人見證他們的創意。其中的兩大節目特別有看頭：

一個是邀請餐飲大師 Taïrroir 態芮餐廳米其林二星主廚何順凱、知名美食趨勢評論家 Liz，親自蒞臨學校，拍攝饗宴包開箱的美食節目，Liz 也特別鼓勵學生：「在面對疫情能發展與以往不同的方式做展現，願意花時間去研發冷凍食品，對菜色也有很好想法，相信未來會有很好的發展。」

另一個節目是大師傳承系列影片，邀請業界的大師與陪伴孩子們三年的學校師傅，傳承一道有故事性的料理給學生，做為畢業前的祝福。例如有廚神之稱的青青餐廳施建發主廚傳承「麻油雞」，將台菜三寶（麻油／薑、紅蔥頭／豬油、雞油／

蒜頭）融入家常料理麻油雞裡，不只傳承廚藝，也傳承台菜的精神。

第五幕 透過活動，實現社會關懷，創造自我價值

所謂企劃，就是弄假成真、無中生有的魔術。

當你相信一件事，篤定不疑，沉浸在自己所編織出的圖像時，你會產生一種渲染力，感染身旁的人們，讓他們也逐漸相信你所相信的、跟隨你所開創的。

這也是我在此次活動中和孩子們的深刻體會。兩百多個孩子，在畢業前夕，創造了一個前所未有的形式和展演活動。

在這次世紀疫情的巨大限制中，我們沒有被壓扁成小鼻子、小眼睛、小志氣，反而更殺出一條路，讓創意不被環境侷限。限制愈大，我們的企圖心更高，野心更大；夢，也做得更大。

當畢業成果展圓滿結束，全部的畢業生和老師們聚在一起，共同慶祝成果。除了開心達到目標外，讓孩子們覺得格外有意義的，是所有販售「饗宴包」餐點的所

得，將捐出百分之五給孩童相關的公益機構，落實社會關懷。

學生副執行長阿樺在台上說：「比起弱勢的孩童們，我們擁有很多好的學習資源。因此，在這次的畢業成果展，希望能利用活動的盈餘，去幫助社會上缺少資源的孩子們。」

聽見這樣的分享，我早已熱淚盈眶。

人生，就和企劃一樣，是從做夢開始的

「企劃，就是做夢的能力。」在那一夜與學生們構思這個活動案的長卷時，我和他們說了這句話；而學生執行長小強的回應和我遙相呼應，他目光堅定地回我：「對！要做企劃，先做夢！」

PTS教育最使人著迷的一件事就是，沒有一件事是不可能的；只怕想不到，不怕做不到。而專案企劃課程，就是讓想法迸發、激盪、翻攪，到最後落地、實踐的過程。

然而，理念總是美的，在實踐理念的過程，必是充滿了挫敗和落差，也需經過一連串「試誤」的階段，嘗試↓失敗↓修正↓再嘗試↓也許再失敗，但至少我們知道哪些可做，哪些不可行。這個過程就是去找到平衡點，找到理念可以落實的可能性。

因此，「做夢」不是無所事事的白日清夢，這些理念和夢想，最終都能對應到真實世界，也解決真實世界的問題。

畢業三年的一位孩子分享，在學校寫企劃、辦活動的經驗，讓她做的所有事都會繞著主目標與核心轉動，知道自己為什麼要做這一件事，並安排時間軸，為人生做計畫。這個為人生企劃的概念，是她在高中生涯中最珍貴的學習。

在這群畢業生所製作的雜誌刊物中，我送給他們一段話做為畢業的勉勵：

人生，就和企劃一樣，是從做夢開始的。親愛的，你的人生，怎麼還不多做幾回夢？

關鍵字No.4：遊戲Play

2-4

玩，是人生最大的學習！

玩，是做自己喜歡做的事，是順著自我的本性發展，是找到並發揮自己的亮點，是探索並實踐自己的目標。玩不見得真是一場「遊戲」；玩，是一種心境、態度，是一種享受在其中的熱切投入。

若是有一天，上課比手遊更好玩……

手機的使用，是令數位時代的教師們焦頭爛額，卻又難以迴避的一件事，很多學校甚至設置了專門的「養機場」，集中管理孩子們的手機。

手機，就好像潘朵拉的盒子中毒蛇猛獸般的災禍，必須被牢牢看守。

然而，換個角度思考，通常人們在覺得一件事有趣、好玩的時候，就會主動持續投入。現在眼睛離不開螢幕的孩子們，不也就是因為他們覺得掌中世界比呆板的課堂來得更迷人嗎？

因此，當學生玩手機時，我很少對他們說：「手機收起來！」或：「再玩就沒收！」因為我曉得，孩子們玩手機這件事，傳達了幾個重要且珍貴的訊息：

- 我的課程對學生不夠具有吸引力了。
- 是時候可以和學生對話，重新調整課程了。

透過這樣的逆向思維，課堂中該調整的不再是學生，而是老師自己；我會開始與內在的自己對話：「我到底做了什麼，讓課程變得無聊了？」

對孩子們來說，滑手機這件事不用別人教，自己就會主動投入，再累也會熬夜。因此，老師要如何讓課程就像玩手遊一樣，使孩子們願意蜂擁投入？

與其強力制止學生玩手機，不如換個方式，找到新的教學策略，若學生在真實世界中找到了更好玩、有趣的事，他們也自然會轉移注意力，投入課程。

兒子和貝爾帶給我的啟示

你曾經好好靜下心來十分鐘，坐下看著孩子忘情玩耍的樣子嗎？

在成為父親之前，我從來沒有過這樣的經驗。

在我的兒子笛兒三歲的時候，我帶他去仁山植物園爬山；喔不，是我推著厭惡走路、叼著奶嘴，舒適地坐在娃娃車上的他爬山。

「停～～！」正當我猛力推他上一個陡坡，汗水貼得滿身時，笛兒突然一聲令下。當我驚得以為車子哪裡出了問題，他迅捷地翻身下車，走進路旁樹林的濃蔭間。

他翻了翻地上散落的葉子，拾起了一截結實、分岔的樹枝，然後悶聲不響地跳上娃娃車，彷彿坐上專屬的轎子一般神氣威武。

「爸爸，我們來做彈弓！」乘車回程時，笛兒將樹枝抱緊在胸前，大聲告訴我這個重大的決定。我頓時瞭解，他已經進入了「貝爾」模式。

原來，那陣子的笛兒迷上Netflix上的互動式實境節目《貝爾對戰荒野》（You vs. Wild），迷上了那種只要憑著手指簡單點選，就能決定貝爾生死存亡的力量，和單憑著彈弓和繩索就能趕走猛獸、盪躍峽谷，在野地勇猛求生的中年英國探險家大叔。

在《貝爾對戰荒野》中，笛兒在第一集的第一個決定，就是在貝爾要從雙槳小飛機跳下河流，進入叢林探險前，到底要選擇攜帶彈弓或是繩索。可想而知，三歲的男孩都會選擇彈弓。

然而，與其說是我和他一起做彈弓，倒不如說，是笛兒在旁擔任監工，指揮我做他御用的彈弓。我再度汗水浸溼身體，和老婆合力以鋸子、麻繩、橡膠管、強力膠，DIY製成了強力彈弓。

那兩週，笛兒沉浸在他的想像世界中，成天揮舞著彈弓在房間吶喊、奔跑，與毒蛇（媽媽）猛獸（爸爸）纏鬥，在山野（沙發）荒林（床鋪）急湍（地板）中生存。

除了想像力的大爆發之外，笛兒的表達也跟著突飛猛進。在遊戲間，他不斷述說在荒野的求生法則：螞蟻的味道很酸但有豐富蛋白質、若遇到狼可以爬到樹上、若要喝地上的積水必須放在透明的壺中日晒一小時、在洞穴中迷路了要跟著風走……讓我每天都彷彿置身於荒野，聽他講解自己的重大發現。他的語言表達明顯變得更豐富、靈活，對於自然的認知也更清晰了。

玩，是孩子學習的養分。笛兒用玩重現他眼中的世界，在模仿中消化、咀嚼其意義，透過角色扮演、場景搭建，形塑自己的生活觀，也像掀開一條神祕的罩紗，一步步理解這複雜難解的世界萬象。

看，他笑得多麼滿足！

玩，就是讓學生有機會發揮想像力

近年來，「玩」已經是創新教育的一大關鍵字，多種研究顯示，在課程中融入遊戲，將是影響孩子身心發展、學習社會化、激發創造力與學習動力的重要因子。SuperBetter的設計者珍・麥高尼格（Jane McGonigal）以科學的方法應證，遊戲可以讓人們的生活變得更好。她認為「玩遊戲時自然表現出的能力」與人們「在現實生活中變得快樂、健康及成功所需要的能力」緊密相連。

PTS教育創辦人夏惠汶也相信：「玩，是人生最大的學習！在人覺得有興趣、好玩的時候，就是最認真投入、最有學習力的時候。」

問題是，若學生在傳統教育多年，早已對制式的學習生厭，排斥讀寫和聽講式的課堂，甚至以為考試成績就等於學習。這樣的孩子已磨掉了對學習的渴望，好奇心與探索力也早已蒙上一層灰。該如何讓這樣的孩子重新投入學習，找到學習的樂趣呢？

一、運用多元策略，打開學習的無限可能

有一次，我驅車到了一個遙遠、有風車佇立的學校舉辦ＰＴＳ教育工作坊。課程的一開始，我拋了個問題給老師們：「從小到大，你最好玩的一個學習經驗是什麼？」

- 一位年輕，剛踏入教師生涯，生平最大的夢想就是成為老師的女老師說，是讀大學時，帶領高中生玩團康的體驗，她回味那種與人互動的滿足，難以取代。
- 另一位沉穩，深思熟慮的男老師說，是大學畢業前，一趟為期十天，每天都行程滿滿、精實的畢業旅行，他們走遍台灣各地，參訪、考察不同學校的教學，讓他對學習的可能大開眼界。
- 還有一位擁有學者般氣質的歷史老師說，是自己大學意外選修到的一門家族治療課，她訝異用敘事的方式，竟能挖掘生命背後層層的深度。
- 最後一位活潑逗趣的男老師說，是國中的一堂美術課，那時老師讓他們製作版畫，雖然他的版畫搞砸了，但老師讓他們用說的方式呈現美術作品，他能言善道

的特質受到注目，得了生涯中美術課最高分的一次。

聽著他們的分享，我也不自覺回憶起，國中原本痛恨英文的自己，看了《悲慘世界》（Les Misérables）的音樂劇，在查英文歌詞的過程中愛上英文，最後竟誤打誤撞地讀完了英美文學研究所。

這群素未謀面的老師們的回答令我驚奇：為什麼大家最好玩的學習經驗，都出現在所謂「非正規」的學習經驗之中呢？

其中一個重要原因，是在這些學習經驗中，都不是以傳統的學習策略進行的。如果孩子有機會跳脫原本的學習框架，發出「原來這樣也能學！」的驚呼，也許就是一個翻轉動力的機會。

因此，PTS的教師們常在課堂中引入多元的策略，從體驗教育、數位科技、敘事治療、桌遊、團康活動中擷取點子，引發學生的興趣，讓孩子們覺得學習是件很好玩的事，重新找到學習的內在動力。

甚至有一年，我趁著暑假，帶著老師們一同發想，在我們自己過去的教學經驗中，曾經透過哪些努力或策略，讓課程變好玩了。最後，我們彙整成一套「課程fun box」的教學大補帖，找出讓課堂好玩的模式，讓老師們隨時可以從中找到課程的新元素。

二、給予自由、開放的空間，讓學習發生在意料之外

被譽為「兒童程式之父」的密契爾．瑞斯尼克（Mitchel Resnick）在《學習就像終身幼兒園》寫著：「玩樂需要結合好奇、想像和實驗，創造不怕犯錯，且可以從錯誤中學習的環境。」

PTS教育相信，當給予孩子們自由、開放的空間，在安全的範圍中，允許多樣的可能性，學習動力就會在體驗中產生。

在傳統的分科教育裡，嚴密的進度安排和時間規劃，讓學習成了一紙列不完的待辦事項清單，所有的事都被精準排定了，孩子必須完成一個又一個的工作事項。

然而，真實的學習並不像待辦事項，而比較像是漫步在都市的小巷中，你永遠不曉得自己將發現什麼新事物。

在英文中，有一個許多美國人所公認最美麗的字，也是翻譯者心中最難翻譯的其中一個字——「Serendipity」，很能傳神地說明這樣的學習。Serendipity 大略的翻譯是：意外發現有價值或認同的事物的現象。當教師允許孩子的學習有開放的空間和彈性時，他們就有機會能找到料想之外的答案。

我曾經遇到一位相當沒目標的高一女孩小涵，因為在PTS教育的環境裡，沒有壓迫的課程或逼人的老師催促她學習，反而有了很多慢下來呼吸與自我探索的時間。於是，在一下參加了校內的設計比賽得名後，她發現對手繪與設計的樂趣，開始瘋迷動漫，也在每次大型活動中擔綱美宣設計組的靈魂人物。到了高三，她愈來愈有自信，甚至推甄上了知名大學的平面設計系，「意外」找到了自己的生命目標。

對於青少年來說，玩是在日常生活中迸發而出的點子，看似無意義，卻常能跳脫現有世界的框架與想像；即使沒有量化指標可供參考，但是，參與者會覺得有趣、開心、有種特殊的滿足感，讓人回味無窮。

給學生空間，不是永遠管控。玩，就是讓學生有機會發揮想像力。

三、讓學習就像團體破解任務，一次次建立成功經驗

PTS教育中，有個相當具代表性的課程，就是孩子們從一年級到三年級都會接觸到的專案課程。在專案課程中，老師們發展出難度、活動規模，與合作範圍循序遞增的課程經驗。

孩子們必須根據該次專案的主題，透過自主發想出活動內涵，撰寫企劃書並實際執行。這樣的專案課程用三年的時間鋪陳，一環接著一環。對學生來說，每一次的合作都是一種征服與跨越，與對自我的挑戰，就和玩遊戲中的破關、打怪的經驗一樣。

在專案的執行中，大家同有一個目標，一起投入做事，享受彼此合作的過程。面對想放棄的時候，咬牙撐過。而過程中老師最重要的任務，就是給予資源，陪伴學生建立起每次專案課程的成功經驗，讓孩子們最後的成果得到肯定。

近幾年天氣愈發炎熱，五月之後，台北盆地總是悶熱異常，學生在課堂中的活力也明顯降低。有一次，課程當中在談論關於團體生活中的界線這個議題，學生突然提到，想要做點好玩的事情，而且可以實踐這個概念，他們做的事情，就是「砸

水球」。

但是，要達到尊重團體中其他人想法的這個概念，學生自己組織，到每個辦公室和老師們提出，他們想要玩砸水球的活動，得到了很多的回應：

- 後勤處：室內空間有很多電子器材，而且是磨石子地面，容易溼滑造成安全疑慮。
- 其他班級的任課教師：如果你們的聲音太大，會干擾我們正在進行的課程。
- 不想參與的同學：擔心衣服會弄髒、鞋子不容易乾……
- 課程督導：在校園內學生自主的活動，都需要撰寫計畫書，並且取得行政單位、教師或家長的同意才可以實施……

然而，學生想玩的心願如此堅定，因此，他們在三天內完成了活動計畫、簽署完學校行政單位的核備之後，利用中午時間，在操場拉出安全區域，盡情地用二十分鐘玩了砸水球活動。有趣的是，玩水球的學生花了近四十分鐘的時間把場地收拾乾淨！

透過這樣另類的活動，孩子們發現學習可以這麼好玩，也發現團體生活的約定與尊重他人，可以在活動中真正被實踐。

當孩子們在同儕中自己組織並且完成一件想做的事情時，我相信他們在未來遇到困難或與他人合作時，也會想起這樣的成功經驗，且覺得下一次也可以做得到。於是，就會塑造一個正向循環的心智模式，讓孩子們準備好面對未來迎接他們的種種困難。

懂得玩，就懂得學

在PTS教育中，玩是不可或缺的一環，玩看起來混亂、沒有規律，其實隱含了老莊思想「無為而治」的智慧，亂中有序，亂有道理，透過摸索從做中學，孩子們建構起屬於自己的規律。

玩，是做自己喜歡做的事，是順著自我的本性發展，是找到並發揮自己的亮點，是探索並實踐自己的目標。玩不見得真是一場「遊戲」；玩，是一種心境、態度，是一種享受在其中的熱切投入。

當孩子們發現玩和學習的界線漸漸模糊，並在玩的過程中找到自己的目標，他就能開啟自主學習的開關，投入這場人生的玩樂冒險中。

關鍵字No.5：協作 Teamwork

2-5

真實的合作，讓1＋1＝3

一股看不見的張力，在他們之間形成；這道如漩渦般的動力，專注的他們沒有察覺，我卻盡收眼底。只要之前有足夠的引導，讓孩子自己找到學習動力，有時，老師閉嘴，才是讓創意展現，讓合作、自主得以施展的機會。

校園外的教室

夜間七點，學校旁的路易莎咖啡店熱鬧非凡。

六位學生攻佔店家，圍坐一圈低聲窸窣，努力收斂音量，反覆排練迫在眉睫的簡報比賽。

這裡，搖身一變，成了校園的延伸。對想學習的人而言，無處不是學校的角落。

此次簡報比賽，是高一下孩子們期末成果展的重頭戲，這組的同學們決定不用一板一眼的簡報模式，而是走高難度的戲劇方式呈現。

他們要將這學期學到多元的知識——食材產地故事、台灣土地與農產特色、第一線的農民訪談內涵，轉化為如同八點檔的通俗劇情，在精心杜撰的三個家族的爭鬧中，娓娓訴說知識性的內涵。

這時，學生導演正在指導一位同學：「你不懂什麼叫做輕蔑的口吻嗎？就是你平時對〇〇〇的口氣啊！」對方一陣恍然。

他又對另一個同學說：「妳的角色設定是十歲的女兒，妳聲音可以再嗲一點嗎？妳就是平常八點檔看得太少了。」然後他示範如何縮緊聲帶，聳起兩肩，拋出嫵媚的眼神，尖細地模仿小女孩對媽媽撒嬌的語氣。

如此神來一筆的指點，眾人迅速入戲，將三個家庭的紛爭演得維妙維肖，逐漸讓刻板、扁平的知識，敷上一層血肉，賦予了情感、口吻，角色與妝顏。

我不禁想，資訊的傳遞或許分成幾個階段：

- 文字僅僅承載資訊，充滿了令人生畏的雜訊。
- 資訊結合了敘事的邏輯，經過剪輯與裁切。
- 資訊被巧妙地用故事包裝，滿足人類渴望聽故事的耳朵。
- 資訊更隱晦地在劇場的形式中，透過角色的口中被說了出來，資訊在未曾察覺之時而滲透，飽滿且深刻。

這一步一步，其實就是行銷的本質，也逼近藝術的精神。

在路易莎的那一晚，從頭到尾，我都沒有說話，我把身軀往後靠，微笑凝視孩子們的傾注。

他們笑著、談論著、思索著，在試誤中不斷修正演技與劇本。一股看不見的張力，在他們之間形成；這道如漩渦般的動力，專注的他們沒有察覺，我卻盡收眼底。只要之前有足夠的引導，讓孩子自己找到學習動力，有時，老師閉嘴，才是讓創意展現，讓合作、自主得以施展的機會。

從這樣的畫面，可以感受到合作的魅力。「合」有合攏、聚集的意思，「合作」就是二人或多人「聚」在一起「工作」以達共同目的，因此PTS教育創辦人夏惠汶就曾舉例：「把『合』拆解來看，就是『人』有『一』張『口』，如果要合作，就要先說話，說通了，事情也就順了！」

校園該是讓人們練習一起好好生活的場域

在開平，每屆的孩子約有三百位。剛入學時，他可能誰也不認識；但到了畢業前夕，大多孩子們幾乎能叫出超過兩百個同學的名字。

「我對高中這三年的時間感受很兩極，有時候覺得過得很快，一眨眼就過了；但有時回想起來，卻覺得過得很慢，好像經過不只三年，更像走過了一場人生。」一位畢業的孩子這麼回憶她三年的高中生活。

孩子的話，聽起來很矛盾，卻相當真實。

在這短短三年的時間，老師們透過課程的安排，將三年拆解成十多個複雜、緊湊的小階段，每個階段各有自己的生命週期。在每個週期裡，孩子們需和不同的群體建立關係、彼此認識、合作對話、吵架衝突、感恩道別……他們學習如何在一起好好生活。

孩子們對時間獨特的感受的確是相對的，一面來說在每個階段充實、快節奏的步調下，時間過得飛快迅速；另一面來說，每個小階段就好像其他學校的三年，必須和不同的人們展開群我關係，只是在開平，孩子們歷經了十多次這樣的過程。

因此，三年下來，孩子們的人脈增廣了，與人的互動變頻繁了，這也是PTS教育中「協作」（Teamwork）的精神。

學校，就是真實社會的縮影

腦神經科學研究證實，人類具有「社會腦」（Social Brain），無法離群索居，人們天生就具備與他人連結的神經迴路，大腦發展的驅動力也受人類社會化需求所影響。

著名心理學家丹尼爾．高曼（Daniel Goleman）在《SQ-I-You共融的社會智能》指出：「學校本身是文明非常晚近的產物。就大腦的架構而言，更強大的需求應該是因應社會世界，而不是追求學習成績。」

彼得．聖吉（Peter Senge）也在管理學巨著《第五項修練》裡，提出學校該肩負的功能，是「創造一個『微世界』，提供克服困難、解決問題的方法」。在這個「微世界」中，孩子能透過建立團隊、角色扮演，培養有效處理複雜問題的能力，並讓孩子認知到，每個人都屬於不可分割的整體。

因此，在各種社會情境中找到與人相處的方式，就成為學校教育的重要內涵之一。

ＰＴＳ教育認為學校就是真實社會的縮影，社會上可能發生的情境，在學校也同樣有發生的可能。以整體學校而言，社會化意指將校園營造成一個平等互動、尊重個體自主性的氛圍，並使孩子為自己的行為負責。

換班——鍛鍊人際互動的必修課

一年級上學期，開學才剛滿兩個月，老師們就聚在一起，意見不一地討論下個月是否要換班的議題。

因為有老師發現，學生們之間開始產生一些會帶來負面效應的小團體了；也有老師提出，在自己的班級中，有些小孩自覺是菁英，班上階級分明；另有一位老師說，她覺得自己與學生的關係過於黏膩，孩子們依賴心太重。

七嘴八舌之後，大家共識決議必須換班。換不同的老師，就像在未來，孩子將習慣不同主管管理的方式。透過換班，也讓學生能多一個資源，多一個談話的對象；兩個老師也可以結盟，合作陪伴學生。

在傳統的學校裡，一般就是三年跟一位導師，容易產生固著性和依賴感，甚至累積師生間忿忿的怨念。然而在開平沒有導師，而是用關懷老師的方式，讓學生有機會和不同老師相處、合作，練習人際互動、關係處理。幾乎半年就換一次班級，有時甚至三個月就換一次。

於是，老師們決定玩一個老師調換的大風吹。公告學期下階段老師名字時，有的班級歡聲雷動，也有班級哀鴻遍野。

到了高一下的時候，老師們的心臟更大顆，老師們讓學生們用個別抽籤的方式，隨機決定班級的組成。

二、三年級之後，當孩子們慢慢培養出獨立、自主的特質，就可以放手讓他們自組班級，自己決定班級的成員。

一次又一次，老師們嘗試打破慣性（對學生和老師都是），跨出舒適圈，讓孩子學會和不同的同學、老師合作相處。在這樣的轉換中，孩子必須習慣不同老師的領導風格，學習在人群中找到自己的定位。這也對應到社會中，主管、同事會不斷變動的真實情境。

「社會化」就是合作與關係處理的能力

當學校營造出自由的「社會化」環境氛圍後，孩子們就可以學習到至少五件重要的事：

一、關係建立

每次新群體的開始，老師和學生們都會相互介紹、建立關係，找出彼此在意的價值觀，共同討論出團體約定。

二、傾聽與表達

和不同的人相處是需要跨出舒適圈的。在互動的過程，孩子能聽見不同人的聲音，理解這世界不是圍繞著自己而轉動，甚至發現對於同一個事件每個人會有多元觀點，進而彼此包容、尊重。除了聆聽之外，孩子們也需要學習說話、表達，練習除了分享自己的想法，還能用他人能接受的語言說出來。

三、自我定位

在每一次群體的轉換中，藉由與他人的互動，孩子能更深入瞭解自己的能力、特質與亮點，逐步發現自己在團體中的角色。他人，就如同一面平靜的湖水，反照出自己真實的模樣，透過他人的回饋，孩子們也更能找到自己。

四、面對衝突

在頻繁的互動中，難免擦槍走火，老師們總在事件當下陪伴學生相互對話，培養處理關係的能力。透過「關係教育」陪伴學生深度認識自我、學習與他人共處，並讓關係間的能量順暢流動。

五、問題解決

當團體發生問題時，老師們的原則是團體的議題回到團體解決，讓團體中的成員共同面對所有的發生。也許事情不一定能被「解決」，但透過釐清、對話可以有階段性的共識，創造出彼此都能接受的方案。

從情緒魔人到換位思考——葳葳的改變

葳葳是學校著名的大聲公，她的身體內建了巨大的共鳴箱，上台說話鮮少需要麥克風。人們從遠方就能聽見她嘹亮的笑聲，中庭彷彿是她管轄內的山谷，音波常在其中迴盪、盤旋。

從國中開始，葳葳的脾氣就已經遠近馳名了。她只要一生氣，身旁的人就會識相地住嘴；如果再加上吼叫，人們總會情不自禁地全身發抖。

嗓門加上脾氣，是她所向無敵的武器，可以擺平所有的問題。

來到開平之後，她力求表現，總是在班上擔任主要幹部。想當然耳，她也繼續使用她國中以來慣用的策略；一、二年級的時候，只要有人說話不如她的意，她就會憤慨地大聲開罵，班上也包准乖乖聽話，從未失手過。

然而，到了三下，情勢有了轉變。

葳葳到了一個聚集了全年級最強勢之人的班級。她赫然發現，聲音大聲的不是只有她，凶悍的同學大有人在。而且她注意到，人們會側耳聆聽的對象，不是說話最大聲的，而是最能說出他們心聲的人。

在一次真心話的平台課程中，班上同學們透明化他們的想法，告訴葳葳他們不喜歡她總是用情緒處理事情。

到了競爭她期待已久的幹部時，有史以來第一次，她沒有被選中，同學也直白對她說：「妳很容易被情緒勒索，也常用情緒勒索大家。我不想要一個這麼情緒化的人帶領大家。」話語誠摯銳利，刺穿了葳葳的心。她無法掩飾內心的沮喪，但也知道同學說的沒錯，至少有人敢把這件事說出來，讓她終於清醒過來。

葳葳發現，凶悍、情緒化、大嗓門原本是自己的強項，是她過去處世的策略，但這些工具似乎不再有用了。她從前不需要聽別人說話，別人只有聽她說話的份，但如今，她必須重新思考和同學們相處的方式。

經過幾週絕望般的消沉後，她沉澱下來，嘗試改變自己的脾氣，變得收斂、溫和。她重新和班上培養關係，努力改掉以往臭臉強勢的個性，而去聆聽其他同學說話。因為她知道，如果她要別人聽她說話，她必須先靜下來聽人說話。

她再度成為領導者，但領導者這三個字對她的意義已不再相同。她說：「我現在會先理解別人可以接受什麼、不能接受什麼，然後用他們喜歡的方式去帶領他們。以前他們都叫我『情緒魔人』，說我只會用情緒做事情，說一是一，沒有人敢反抗，但現在，我開始學習換位思考。」

畢業前，她聊到自己這三年最有成就的事。「還不是擔任了什麼重要的職位，而是看見自己的改變，知道怎麼與人合作。」她目光如炬，開心地這麼回答。

合作的教育歷程無所不在

夏創辦人曾說：「現在的世界所缺乏的，是合作的能力，是找資源、運用資源、組合資源的能力。在PTS教育裡，我們給孩子空間，接受每個不一樣的人，讓不同的人一起合作、完成任務。」

練習人際關係建立與合作，是學校難以被取代的功能。學生在團體中，學習與他人共同生活、共同學習、共同合作，內心不斷進行著微妙的人際試探，發現別人的底線，也察覺自己的底線，讓1＋1＝3。

其實，「合作」就是關係處理的能力，它發生在課程中，也發生在學校的任一個場域；它無所不在，若經營得成功，只要學生踏入校園，就已然在進行「合作」的教育歷程。

關鍵字No.6：分享Share

2-6

只要你準備好，全世界都等著聽你說故事

話語的主導權不會再像過去，掌握在老師一人手上，話語會流動到每個學習的個體身上，從這次的分享故事——敢開口說話開始，未來，他們要練習說得有道理，甚至說得有效果，建立起一個共創、共好的團體生活。

匯集人類史上最多故事的「故事公司」

二〇〇三年，大衛．義賽（Dave Isay）在紐約中央車站——這個世界公共建築空間最大的鐵路車站、人群穿梭最頻繁的交通要地——一處牆邊的空地搭起了一個小屋子，裡頭放了一張大桌，上頭裝設了兩個麥克風和兩張對坐的椅子。

屋子上有個醒目的招牌：「故事公司」（Story Corps），它隨時向經過的人展開雙手，邀請任何人進到房裡訪問另一人，分享出他曾經說出口或未曾說出口的生命故事。

像這樣的小屋子，大衛隨後在世界各地最繁忙的地點搭建起來，在這個歷史上虛擬世界的連結最緊密、實體世界的連結卻最薄弱的世代，安靜、專注地錄製每個敞開心房之人的故事。「故事公司」經營至今，共錄製了超過五十萬人的故事，是人類有史以來數量最多的聲音資料庫。

大衛相信「每一個生命都是平等且有無限的價值」，他也說：「你身邊的每個人都有一個值得全世界傾聽的故事。」但問題是，有沒有人願意花時間傾聽別人的故事呢？

二〇二〇——最孤寂的一年

二〇二〇年三月，《遠見》雜誌和精神健康基金會合作，發布了一個令人揪心的「二〇二〇年孤寂大調查」，結果發現，十一到二十歲的青少年，有百分之六十一點六感到寂寞，遠比三十歲以上的人們多出許多。

而十一到二十歲的青少年，每日生活中被佔去最多的時間，就是在學校裡。這是一件弔詭、哀傷的事，校園裡明明人滿為患，孩子們每天上課身旁圍繞著滿滿的人，內心卻無比的寂寞。

我們想培養被孤寂佔滿的成年人嗎？

學校教了孩子們很多事，卻很少教他們彼此連結。因此，孩子們只好自己各憑本事，照著本能去連結。

在剛入學的新生身上，最能觀察到這種微妙的互動模式。

開學的第一天，孩子們都起個大早，多數人第一節上課前半小時，就乖乖坐在座位上了。外頭是炎熱的夏季，教室裡的氛圍卻尷尬地異常冰冷。來到一個新的環境，孩子們格外拘謹、特別有禮貌，他們睜大雙眼，安靜地瞧著身旁的陌生人，相互打探、觀察。

「你玩《傳說對決》嗎？」終於有一位男孩忍不住了，他站了起來，走到另一個單獨坐著的男生旁，突兀地開口。坐著的男生害臊地點點頭，他一屁股坐下來，說：「我們來開一局吧！」兩局過後，老師走進班上，他們也變成好朋友了。

這是這個世代的孩子建立連結的方式，也是他們少數幾種會使用的方式之一。每個孩子，在他木然、故作鎮定的臉孔下，深處都有個吶喊：我存在於此！我想要被聽見！我渴望和人連結！

然而，他的行動，卻常是雙眼緊盯螢幕，不吭一聲，手指不停上滑，好像重複這個動作就可以解除他內心的惶恐和孤單。

如果被聽見這麼重要，如果被聽見，就代表被看見、被珍惜，或至少有被理解的機會，那我們怎麼協助孩子——每一個珍貴的生命——好好被看見，也好好看見彼此？

找到定義「你是誰」的那些故事

在ＰＴＳ教育裡，鼓勵孩子們和人建立真誠的連結，因為唯有當連結建立了，關係才能開始流動，也才有機會發展出後續更進階的能力——對話、合作、共創。要建立連結，最有力的方式，就是透過分享；而在所有分享之中，最有力的形式，就是分享自己的生命故事。

「你的這一生十五、六年中，如果用五件事串連起來，你會舉出哪五個最有代表性的事件？」開學第二週，我邀請孩子們進行自我探索，畫出自己的生命線。

我讓孩子們在記憶的長河裡掏金，挖掘最能定義「你是誰」的故事：那些富含著最多記憶、最多情感糾結的事件，也很可能是觸碰到自己核心價值、曾經劇烈改變自己、影響信念和決定的關鍵時刻。

他們展開筆記本，畫出大十字的線條。Ｘ軸是時間線，從最左方的出生一路綿延到現在；Y軸是心情指數，正分一到五分代表高峰、喜悅的經驗，負分一到五分代表低谷、憂傷的經驗。接著他們要在偌大的XY軸間，找到自己生命故事的座標，寫下時間點、標題、故事，和這個事件對自己的影響。

畫完XY軸後，他們通常都會先開始發愣，腦中轉起了一個哲學般的命題：「為什麼我會成為現在的我。」有的望向窗外，目光空無；有的低頭沉吟，皺縮起臉部肌肉；也有的孩子猛烈轉動手上的筆，好像那枝筆就是他的思緒，騰空飛翔。但只要給他們幾分鐘的時間，他們會在不同的時刻靈光一閃，面露微笑或悲苦，下筆有如閃電迅疾。

在他們邊寫的過程，我丟出了一些引導的問題：

- 有沒有什麼轉捩點，徹底改變了你的人生？
- 曾經做過什麼令自己、他人驕傲的事？
- 有沒有哪個人，在某個時期陪伴、幫助自己，讓自己還能持續向前走？
- 發生過什麼事件，讓你對世界的看法不再相同？

- 找出你生命中的「極致」體驗：最難過的、最開心的、最滿足的、最後悔的……
- 有否做過什麼讓你覺得很有意義的事？

有些故事，他們得花更多的時間思考，甚至需要拿起火炬，走進記憶的洞窟，追尋一些被遺忘、隱藏、乘載著最多情感、曾經不願意面對的過去。

在敘事對話的理論中，有個很重要的一環，就是無論過去的好與不好，都造就了現在的自己。「這些最難過的事，現在回想起來，才是真正幫助自己成長的養分」，在回憶自己的生命線時，一位曾在其他高中休學過，又重新就讀高一的女孩小庭這麼說。

我也和孩子們分享：有些曾經帶給自己傷害的事，是因為過去的你，沒有力量守護自己，只能被動地接受，但現在的你回想起那個事件時，不必再用當時的視角去詮釋。現在的你，身形長大了，思考成熟了，有著過去沒有的力量。這樣的自己，會怎麼去重寫自己的生命故事，賦予它不曾有過的意義。

就像一位後現代大師所說過的：「我們活在理性的世界裡，以為說話一定要很有邏輯。但破碎的故事往往是更具價值的，因為破碎是生命的本質。而當破碎的故事被拼起來的時候，那就是個完滿的故事了。」

給我「一個故事」的時間

人，天生就是說故事的動物。在遠古時代，人們圍著火堆，說著神話的故事、戰爭的故事；現在仍有許多原住民的部落，維持著這個自然又純粹的傳統，在那樣的晚間，總有幾個迷人的剎那，將所有人的心綁在一起。

在完成了個人的生命線後，就來到了最令人期待的故事分享大會。班上四十多位孩子，將各自最有代表性的一個事件標注在黑板上的座標上，最後，用一條線，將四十多個故事串連在一起。

從最左側的幼兒園時代，到最右側的進入高中，這條線高低起伏，有高峰，有低谷。每個點，都是一位孩子生命中的關鍵時刻。下列是不同事件的「得失分」表：

- 被當異類的我，負四分。
- 遇到討厭的班導，負三分。
- 阿嬤的去世，負三分。
- 再次相信同學，四分。
- 接觸街舞，五分。
- 澳門旅行，五分。
- 同學媽媽跑到學校罵我，負三分。
- 國三黑暗的會考生活，負四分。
- 失戀，負五分。
- 走上對的路，五分。
- 交到好朋友，四分。

就像將不同沙灘拾來的海貝接成一條項鍊，我們也共同被一條奇妙的線扣在一起。原本是從各地來的陌生人，突然在生命中有了彼此的位置。

分享這個動作看起來很微小、很簡單，卻是孩子們敞開心房、建立連結的開始。真誠的分享，讓人感覺：「我不是唯一一個這樣想的。」「原來我經歷過的這些，他們也經歷過。」「我原本以為沒有人會懂，但他們似乎能理解……」「哇！我希望我也能像他一樣這樣面對困難。」

聆聽的過程，我彷彿聽見眾人的內心都在打鼓，特別是幾個勾起眼淚的分享，更讓我們屏氣凝神。就像「故事公司」的大衛所說：「每個人的心中，都有一份詩意、智慧和優雅，而我們只需要花點時間傾聽。」

課堂上的時光飛逝，一百分鐘過去了，到了最後一位孩子的分享。一上台，她開口的第一句話就讓我流淚了：「高一這階段是我最重要的時刻，因為從小到現在，我唯一開始真正改變，這是我第一次把真正的自己展現給別人看。」

我想到曾經聽過的一句話：「孩子需要被看見，而不是被可憐。」不是用大人睥睨的世故來看孩子，而是變成孩子的角度，用眼神、言語、動作欣賞每個靈魂，細心陪伴他長大，累積孩子的自尊、自信和自我價值。

「每個來到這所學校的人，都有一個故事。」在課堂裡，女孩阿寧分享出自己的體會。我想，是這裡，允許大家放心說故事，可以簡單做自己；不必再有牽累、包袱。阿寧還說：「在這裡可以不用躲藏，也沒有課業上的比較。在這裡可以學到人與人之間的溝通跟表達。」

分享，讓人走出自我，看見彼此

「為什麼我們要看見自己的生命線，也聆聽彼此的生命故事？」在聽完所有孩子們的故事後，我詢問大家。

從聽故事的模式突然抽離出來，孩子們一陣恍惚，認真地想了一下，試著為這個課程做總結：

- 讓我們看見自己的人生跑馬燈。
- 能從故事背後發現啟示。
- 從別人身上吸取教訓。

- 當願意面對黑暗的過去，會更有力量。
- 互相瞭解彼此底線。
- 在自己的過去尋找答案。

我也和他們分享，透過繪製生命線，可以觀察到自己生命中反覆出現的主題，屬於你的「頑固低音」，或許顯示出你的生命有一種固定的模式，等著你去解讀。

- 關於負分的：常遇到負面的事件常是什麼狀況，這件事如何改變它的意義，如何正向思考，未來如何避開，或勇敢面對。
- 關於正分的：正面經驗都傾向哪一種？旅行？打球？交友？成就？在未來如何格外留意，創造更多正向和高峰經驗。

最後，我引述了溫斯頓．邱吉爾（Winston Churchill）的名言做為總結：「成功不是終點，失敗也不是終結，持續的勇氣才是重點。」（Success is not final, failure is not fatal: it is the courage to continue that counts.）

這次的分享，只是一個開端。在往後的課程裡，孩子們會慢慢意識到，在課堂中，他們是自己學習中說話的主角。

話語的主導權不會再像過去，掌握在老師一人手上，話語會流動到每個學習的個體身上，從這次的分享故事——敢開口說話開始，未來，他們要練習說得有道理，甚至說得有效果，建立起一個共創、共好的團體生活。

透過分享，培養孩子聆聽的同理心、表達的勇氣、對生命個體的尊重，也讓群體之間的能量流動，讓孩子們走出自我，連結彼此，發現有比自己更重要的存在。

我想，這是在即將被資訊淹沒的時代下，對孩子們最重要的一課。

關鍵字No.7：家長 Parents

2-7

放手──讓你的孩子再次成為你的孩子

在傳統學校，和家長互動的機會並不多。但在PTS教育中，刻意創造了一次又一次讓家長前來學校的機會，有時是進行親子課程，相互觀摩、學習如何陪伴孩子；有時是觀看孩子的成果展發表，親眼見證自己孩子的改變。

被開除的爸爸

景懋爸爸，亮銅色的肌膚，文人般細瘦的身軀，誠懇有禮；兩隻大眼藏在明亮的鏡片後方，寧靜沉著，笑起來給人一種充滿信賴感的窩心。

十年前，當他第一次踏入開平的校園，心裡多少有點半推半就。他心想，這所奇怪的學校，竟要求家長在新生入學前，必須先到學校上三天的「親子補給站」課程。

他還完全沒有預備好，他與孩子的生命，即將經歷翻天覆地的改變。

其實，景懋爸爸心裡已經不是滋味很久了。兒子選這所學校，對他來說，除了椎心刺骨之外，更是顏面盡失。

他生長在書香世家，他的祖父、外祖父都是老師，自己也是知識工作者。在他根深蒂固的觀念中，他的兒子也該成為知識工作者。讀一般高中，也許成績不用頂好，至少上個聽見名稱不讓會人皺眉的大學，畢業後坐辦公室，安安穩穩地過生活。哪知道國三時，這個孩子不知道被什麼沖昏了頭，竟選了這個技職學校，他腦子裡怎麼也無法勾勒自己的兒子穿上工作服，成為一個技能工作者的樣子。

尤其是這段時間，他和兒子的關係如泡三溫暖，有時驟然升溫，雙方情緒高漲；有時又降至冰點，彼此尷尬至極。國中竟然就學會翹課，甚至有一次更到警察局找兒子，他簡直無地自容。老實說，他對這個兒子已經焦頭爛額，一點辦法也沒有。

他愈想愈氣憤，又想到他必須停下工作，到開平上三天的家長課程，他簡直像個大悶鍋，滿腹苦水，卻又不知道該向誰抱怨。

八月份的某一個週五早上八點，開平校本部大樓井字型挑高的寬闊中庭裡，人們陸陸續續湧了進來。到了九點，人聲鼎沸，兩百多張黑椅上頓時都坐滿了人。

這天，不是新生的開學典禮，而是新生「家長」的親子補給站課程。

為了讓小孩能夠入學，許多家長必須從忙碌的工作中請假前來，重新成為「學生」。即使社會化許久，一早踏入會場時，家長們的臉龐藏不住不以為然、不解迷惑甚至質疑不滿的表情。炎熱的空氣中彷彿聽得見無聲的吶喊：「到底一大早拉我來到這裡，要做什麼？而且竟然要上三天！」

景懋爸爸坐在兩百多張陌生的臉孔之中，試著讓自己不那麼煩躁，他心頭突然冒出了一個不知從哪兒來的奇異念頭：也許，他與兒子之間如亂麻般的親子關係，在這裡會有個答案。

不久後，他看見一位長者緩緩地走上台。台上的長者一頭短髮，白得發亮，穿著一襲中山裝，寬鬆柔軟的長褲，目光銳利如鷹，聲音似乎比實際年齡年輕許多，帶著渾圓有力的嗓音，安撫了他深處的躁動。

這是景懋爸爸第一次遇見PTS教育的夏創辦人，但他內心不知哪來的篤定，他彷彿預知到這位長者將成為他人生的貴人。

夏創辦人用生動的例子，和家長們說起了改變親子關係的「十二個假設前提」。其中幾個假設前提，更是如電鑽鑽入他剛硬的心牆，他整個人原有的觀念似乎都被震碎了：

● 沒有兩個人是一樣的。

- 一個人不能控制另外一個人。
- 有效果比有道理更重要。
- 溝通的意義決定於對方回應。
- 重複舊的做法，只會得到舊的結果。

夏創辦人愈說，景懋爸爸愈心虛，因為他一點一點仔細看下來，發現自己每一個假設前提都沒做到。夏創辦人的話好像一道令人無法逼視的光，他突然醒悟，自己是個很差、很差的父親。「我好像跌到深谷，在那個黑暗的坑洞裡面，我的兩腿發軟，我真的沒有力量，完全沒有力量靠自己爬起來。」回想起那個時刻，他這麼形容自己當時槁木死灰的心境。

從前，當他看自己兒子的狀況，怎麼看都不順眼，覺得無奈、頭痛。「我看見兒子不成材，我瞧不起他。因為他不符合我的期待。」景懋爸爸直截了當地說。「然而，上了課才知道，是我的行為讓兒子頭痛，我慚愧不已。我也驚覺，我已經被兒子『開除』了！他已經不願意親近我了。」

夏創辦人曾說，到了谷底，只會剩下一個出口，就是翻身向上。

在那個似乎沒有希望的時刻，他把夏創辦人的一段話聽進了心坎底：「要傾聽孩子的聲音。」

我想用自己的方法打造兒子，卻差點將他打碎

有如飢餓多時的患者沒辦法快速進食，他一點一滴，慢慢地、慢慢地做，每天都實踐一點點、進步一點點，以絕境重生的意志力往前推進。他知道他必須做下去，再不做，他也許就沒辦法喚回他的兒子，沒辦法讓兒子的心重新回到他身邊。

因為，他兒子開始不想回家了。這個警訊讓他內心的警鈴大作，他知道，再不做，一切就來不及了。

面對兒子不想回家，景懋爸爸勒住自己即將破口而出的責備，而是聽孩子的聲音。他的語句從斥責改為聆聽，從命令轉為關心。

「放學後沒回家，都去哪裡了呢？」他耐著性子探問。

「我都在網咖啊。」兒子說。

「為什麼都不想回家呢？」他努力保持平靜，靜下心來問孩子。

「在家不快樂。」兒子回答，「而且，家裡電腦螢幕太小，網路頻寬太窄，網卡也無法打網路遊戲。」

恍然大悟後，他做了一個讓自己也愕然的舉動。即使內心很痛苦，但為了力挽狂瀾，讓孩子可以留在家裡，他什麼也沒說，狠狠地勉強自己把家裡的電腦設備全升級了。奇招一出，孩子竟然真的留在家了。然而，現實不是童話，父子的關係依舊冰冷，幾天後，兒子甚至在自己的房門上貼上一塊手繪的「機房重地」海報，邊角還標注「違者殺無赦」，把自己關在門內盡情打遊戲。

景懋爸爸忍下來了，在開平有一群相互支持的家長們，共同分享孩子的改變，這強化了他的信念。他也和老師們一起合作，一起聆聽孩子的聲音。

幾個月過去了，孩子的心總是肉做的，兒子發現爸爸似乎真的改變了，努力去顧到他的需要、聆聽他的心聲。父子的關係緩慢、靜靜地修復，孩子也願意再次接納爸爸進入他的生活。一天，兒子突然對父親說起對未來的抉擇。

兒子說，他想爭取進入學校的專業自主課程，待在師傅的身邊學習，成為能代表學校比賽的選手。他一陣激動，幾乎無法喘息，他曉得自己終於等到了這一刻，他站在孩子人生的十字路口，第一次看見孩子敞開心，詢問他的想法。

景懋爸爸戒慎恐懼，心中響起夏創辦人曾說過的一句話：「焦點在哪裡、時間在哪裡、行動在哪裡，成就在哪裡。」他決定照孩子的意見，沒有他自己的意見；他決心要好好支持孩子，讓孩子追求他的餐飲夢。

他的想法轉變了，他打從內心接受孩子的興趣，他相信孩子能順著自己的步伐，成就自己的樣子。

夢想的路上，不可能平順。師傅相當嚴格，要求也絕不輕鬆。真正進了廚房後，兒子的幾個朋友們都一個個跑掉了，但孩子沒有退縮，終於取得了代表學校比賽的資格，在全國技能競賽中，竟然獲得北區賽西餐的銅牌。

景懋爸爸回憶起這一天，他說：「這個消息把我打趴在地上，我第一次覺得我兒子怎麼這麼厲害。」

回頭看著自己這段過程的決定，他被嚇了一身冷汗。他清楚知道，若是當初沒有照著夏創辦人所說的十二個假設前提去執行，或是執行時被兒子發現只是在做做樣子的話，恐怕父子之間就真的沒有機會了。

「當時，我的心其實仍是假假地、很勉強地做。但那時候不做沒有辦法啊，因為我覺得自己真的走投無路了。」有一次和其他人分享起這段故事時，他大方坦承自己的心路歷程，靦腆而幸福地笑了。

「來到開平，我才知道，我被我的價值觀框住了。我以為孩子就該走上我們的路，但這對孩子並不公平。上了夏創辦人的課，才覺知自己過去的自私，帶給孩子無盡的痛苦與無助。」

「我想用自己的方法打造他，卻差點將他打碎。」

「然而，有學校和家長們的支持，我感覺自己被拯救了，我的家庭也被拯救了。而且我現在認為，我兒子是我人生的老師。」

在分享起兒子的這段痛苦的經驗時，景懋爸爸說話斷斷續續，偶爾會陷入沉思。那既遙遠又靠近的悸動，至今仍讓他難以平復。

二〇一四年，兒子畢業了。但直到現在，景懋爸爸仍沒有畢業，常穿梭在開平的校園中擔任志工，一面吸收更多親子關係的觀念，一面陪伴新生家長們，分享發生在他自己與兒子身上的奇妙故事。

你給我們三天，我們給你們家幸福的三十年！

「孩子想進開平，家長先上課。」因此，有幾個孩子要來讀開平，就有幾個家庭，需在新生開學前的暑假先到學校上課。

這是開平多年來的堅持，也是乍看之下很「霸道」的規定。

在傳統學校，和家長互動的機會並不多。但在PTS教育中，刻意創造了一次又一次讓家長前來學校的機會，有時是進行親子課程，相互觀摩、學習如何陪伴孩子；有時是觀看孩子的成果展發表，親眼見證自己孩子的改變。

而如此竭力邀請家長一次次來到學校，來自於PTS教育「親師生合作」的核心理念，以及其看待家長的方式。

ＰＴＳ教育視家長為教育「合夥人」，以學校為平台，邀請家長共同陪伴孩子成長，也幫助孩子順性發展，讓愛的能量能順暢流動。

夏創辦人曾說：「我深深相信家庭是一個系統，孩子就是父母親的鏡子，當家庭中愛的能量流動了，學生在校的學習才有可能順利進行。」若是家長都以成績、課業來定義孩子的價值，那再辛苦的教育改變，回到家中都將成了泡影。如果家長不願意支持孩子，也不認同ＰＴＳ教育的辦學理念，那在學生就讀的三年過程，不知不覺會增加了孩子成長與學習的阻力，也無法真正落實多元發展。

由於ＰＴＳ教育與傳統教育的差異過於懸殊，它多變、豐富，難以說得完整。因此，為了讓家長深刻體驗家長與學校是教育的合夥人，兩方必須攜手合作，一起向同一個方向施力，陪伴孩子學習。二〇〇五年開平開辦了「親子補給站」。學生入學前，家長先上課，親身體驗課程模式，建立新生家長的關係聯絡網，也理解「沒有課本，要怎麼學習？」

親子補給站將三年開平的課程，濃縮精煉成三天。課程的過程不說教，而是讓家長用三天的身歷其境，走過一趟孩子即將經歷三年的心路歷程，也從自己這三天的體驗中，曉得將來如何陪伴孩子。走過三天的課程後，家長們最深刻的學習，至少包含三個方面：

一、陪伴與放手

活動歷程中，開平家長會的志工爸媽們會扮演輔導學長的角色，在各組帶領新生父母們彼此建立關係。他們有如PTS教育中教師的角色，透過陪伴、引導、放手、問一個好問題，讓家長們更快理解PTS教育的精神。

近幾年，新一代的家長們已經比較願意傾聽孩子的聲音，但有時卻不知道如何和孩子對話達成共識，而被孩子拉著走。然而，順性發展不是放縱，這些輔導學長姐們就會透過經驗分享，陪伴新生家長一同找到與孩子們相處的策略。

在親子補給站的第三天，主持人會邀請家長們親筆寫一封跨時空，給孩子三年後的一封信。因為給予孩子力量最重要的因素，是家長的支持與愛。

在孩子們畢業前夕，即將步入社會、進入下一階段的學習前，他們將收到父母三年前寫給他們的信，成了畢業前最珍貴的禮物。

二、傾聽與分享

從親子補給站的第一天開始，家長們就有許多的分組討論、分享。家長們原本只是來自各地不熟識的一群陌生人，但經過了三天，卻能彼此分享與孩子之間親密的故事，他們相互討論「對孩子三十五歲的期待」、「孩子讓自己最難過或最感動的經驗」，與「有了這個經驗，未來在陪伴孩子會有什麼不同」等觸及內在情感的問題。

透過故事的分享，常能見到家長們的眼淚，他們從彼此的經驗中學習，慢慢凝聚成一個生命共同體，因為家長們曉得，自己的孩子們將在這所學校共同生活三年，他們彼此將成為朋友、夥伴，甚至未來共事的對象，於是家長們也會自發性成立群組，在未來三年相互支持、陪伴。

在課程的進行中，家長們體會到，每個分享都是珍貴的，用心的聆聽是重要的，一個個生命經驗的堆加，讓團體累積出更多的能量和智慧。

三、團隊與合作

親子補給站本身就是一個主題式課程，讓不相識的人成為一個組別，第三天一同舉辦「台灣美食展」，每組皆有一個揮灑創意的美食攤位。

家長們以台灣在地食材為主，製作台灣特色小吃，他們必須討論菜餚名稱、攤位布置、隊旗隊呼、採買製作等繁複的事項，每個人都有自己的定位，都有展現的舞台，真正學習合作、共創

主持人在過程中，引導家長們思考：「團隊是從哪一刻出現的？合作是什麼時候開始的？什麼時候從一群陌生人變成了團隊？」

自然而然地，家長們也會經歷到未來自己的孩子在團隊合作時，可能遇見的問題：「吵架的時候，要如何繼續合作？」「遇到不開心該不該說出口？」「如果團隊沒有動力時該怎麼前進？」「該如何找到團隊目標，凝聚人心？」

有一年，有一組的家長們為了做孩子的榜樣，在製作一鍋肉骨茶時，不買現成的藥包，而是去中藥行抓藥。

第三天是活動的高潮，很多家長們情緒都會嗨到最高點，使出渾身解數，將

美食攤位妝點得美輪美奐，十多個攤位，將學校的中庭改頭換面。到了中午美食展的時候，家長們頓時成了十多歲精力充沛的孩子，大聲吆喝、宣傳，一同逛攤、用餐，享受成果展愉悅欣快的氛圍。

「你給開平三天，開平給你們家幸福的三十年！」這是前任校長羅俊彥常在親子補給站課前致詞時，向新生家長們喊出的一句話。

走完了三天親子補給站課程，有些家長從一開始「被迫」來參加課程的不解、埋怨和憤怒，到最後課程結束時，往往轉化到充滿歡笑、眼淚、感動、感激與安心，對未來陪伴孩子更有信心。三天下來，家長們看起來像是玩了一場很好玩的遊戲，卻又有很多說不太清楚的滿足，這樣的成就感、自信與自我效能感，正是PTS教育要帶給孩子「做中學」、「玩中學」的精神。

親子關係最困難的，就是父母要放下自我的意識，不用自己的價值觀控制孩子，學習傾聽、尊重孩子的聲音，並與孩子討論、共創。十多年下來的親子補給站課程，夏創辦人致力讓親子關係更和諧，家庭更圓融、溫馨，並促進未來學生與家長愛的能量流動，這也是這個課程的最寶貴的意義。

關鍵字No.8：教師Teachers

2-8

身為老師，就該讓孩子好好活得像一個人

老師的角色從傳統的教學者，慢慢有了更多面向的可能：陪伴者、教練、顧問、連結者、共同學習者、資源提供者、觀察者、合作的專家、諮商者、潛能激發者……

Kyle老師第一年的教育初體驗

鍾昕妤（以下簡稱Kyle老師）是一位二十多歲的年輕人，成為PTS教育的教師才剛滿一年。

我很喜歡Kyle。她與人談話時，那厚唇咧嘴的招牌開朗笑容，彷彿把家鄉屏東的豔陽一股腦兒都帶到了台北。

她的外型剛柔並濟，常穿著無印良品的基本款素淨衣褲；亂翹的頭髮似乎脫離了地心引力的拉扯，蓬鬆飄忽，如《哆啦A夢》中小夫的飛機頭髮型，蓋住半邊的額頭；帥氣的造型將很多孩子們都迷個半死。

最引人注目的，是她在說話時，那獨特略啞的嗓音，有種難以言喻的真誠口氣，會讓和她談話的人覺得她的心全放在你身上，好像所有的焦慮，都可以在她這兒稍微卸下來，歇息一下。那種暖洋洋的真誠，背後有著走過的足跡，她將這些故事都釀在心裡。

和她一個下午的訪談令我印象深刻，彷彿又喚起了我起初那煎熬又滿足的教師生涯。

Kyle回想，自己面試的時候，在聽完PTS教育的理念後受到很大的衝擊。發現台灣竟然有這種學校，她也回想到自己成為教師的初衷：是教人，而不是教書。

「這一年，」她用感性的聲調說，「就是讓我找回初衷。」

問題一 回到自己的初衷，為什麼想當一位老師？

國中的我相當叛逆。

和許多人一樣，我所讀的國中是個以成績為導向的學校。國一、國二時我常被老師否定，我的行為簡直就是負面教材的案例：打架、抽菸、不交作業、不穿裙子、不穿襪子、成績吊車尾。有一回，班上有一群人抽菸，班導沒有問清楚事由，就直接當著全班指明，我就是帶壞大家的大姐頭。

國三，我轉學到一所新學校，那個班導竟然不收我到他們班，理由是怕我拖累了全班拚基測的成績。

還好，另一個班的班導願意收我，他是一位很不一樣的英文老師，沒那麼注重成績。經由他的引導，我發現自己其實沒有那麼不好，而是可以靠自己的努力得到收穫。

那一年，我交了一個女朋友，卻不小心被對方家長知道了。我非常害怕、擔心，因為自己的媽媽都還不知道，對方家長就跑來到學校要和我對質，在我面前指責我，說這是一件很不恰當的事。然而，在那個無比羞愧的時刻，我的老師居然說話了，他說：「這沒有不妥，也不是一件錯的事情。接下來，就由老師和家長談就好，Kyle妳先回到教室裡去。」這件事，就這麼平順地過去了。這是我第一次被老師另類的肯定，從那時起，我就開始想要讀書，想要證明給那些瞧不起我的國中老師看。

到了高三，班導指定我當班長，因為老師們說，我身上有領導特質。我發現，除了成績之外，我還有可以被看見的部分。

那樣的成長過程，讓我想成為一位老師。可以透過自己的故事和經驗，帶著曾經被幫助的感受和心情，去陪伴同樣在迷惘階段的孩子。

我想顛覆成績為第一的觀念，讓學生好好學習如何當一個人。讓一個孩子漸漸擁有自信，看見自己的亮點，並能好好享受人生。

問題二 第一年在PTS教育擔任教師，讓妳印象最深的事是什麼？

我想到兩件事，第一件是……

一、和團隊在一起，把夥伴當人

在PTS教育的老師，很少會看見以往一般印象中的老師，都是中規中矩、一本正經。

在教學中，我們接受孩子自己原本的樣子，沒有要用一個模子讓他們變得一樣，也沒有期待他們成為誰。而我們像放大版的學生，不斷在學習、吸收、成長。學校很尊重每個老師發展出自己獨特的方式，也鼓勵每個老師彼此看見對方獨特的點。

學校讓我們活得像一個人，理解我們的想法、尊重我們的決定，放手讓我們嘗試之前沒有做過的事。

記得有一次學期的課程正執行得如火如荼、忙翻天的時候，教師團隊的組長突然停下會議，問大家：「最近過得開不開心？」

我原本會覺得，這不就是工作嗎？再忙、再累，也是工作該完成的。但PTS教育會看見每位老師的辛苦，看見老師們不容易的地方。我們常會關注到每個夥伴的狀態，把老師當人看待。

第二個印象深刻的是……

二、帶孩子合作前，老師先學習合作

PTS教育很強調合作。然而，在老師們帶孩子們學習合作前，我們要先開始合作。因為老師要帶什麼給學生，就得先帶給彼此，先在團隊中實踐那個概念。

每個年級都有緊密的教師團隊的設計，讓彼此的資訊和經驗能流通、傳承、分享。營造出願意分享的空間，也深刻感受到這是一個團隊。

在寒、暑假，老師們會聚在一起共同設計課程，那就需要很多的創意和集體智慧。在討論時，每個老師的專業都很重要，沒有人會藏私，都會貢獻出珍貴的想法。老師的知識，有時也不侷限於原本的專業，還包含生活中的素養，從老師們的興趣延伸：藝術、時事、服裝、音樂……

共備課程很辛苦，但當跨出心中那關時，我是非常開心的。因為能挑戰完全沒做過的事，也能做真正想做的事。我發現，當老師們夠將自己的生命脈絡融入課程，那堂課就會充滿生命力，能去感染學生。

在以往，一個老師面對一個班，自己設計那個班的課程就好；但現在是一群老師，一起創造出理想中的課程。我也慢慢跨出熟悉的領域，自己的眼界不那麼窄了，透過聆聽不同專業老師們的想法，擴展視野，沒想到這樣的教學在現實生活中真的可以執行！

當不再以分數為唯一的依據來看待孩子的價值時，我可以很純粹地看待教學這件事：把教學做好，把教育做好，把孩子帶好。

突然我真的覺得自己在做一件很酷的事。我不是在教書，而是在做教育。

問題三 身為PTS教師，妳覺得最不容易的地方是什麼？

我最喜歡PTS教育的地方，是能和孩子們有真實、有意義的對話，我覺得最不容易的地方，卻好像也和這個有關。

我第一個想到不容易的地方，就是……

一、老師不是萬能的

前幾個月在這裡當老師，我覺得老師好像一個萬能的人。有學生曾經問我：「在這裡當老師應該很不簡單吧？感覺好像什麼都要會。」對學生來說，我們有點像是神奇寶貝中的小智，每天都在收服神奇寶貝，因為每個孩子都是不同的樣貌，也需要用不同的相處模式與他們互動。

PTS教育中，因為需要和孩子們建立關係。當關係拉近了，自然會更看見孩子們的生命故事。

第一個學期時，我發現原來學生們表象上看起來的正常都不是真的。真正認識他們時，才曉得有這麼多需要陪伴的青少年，很多孩子背後家庭的故事也令我感到無力。

我也發現自己很容易掉到個案中。我必須要保持好自己的能量，才能做到當初的初衷──陪伴孩子。

有一天，我聆聽了一個想自殺的孩子的經歷。那天在下班回家的路上，一上車戴上全罩安全帽後，我就開始一路悶頭大哭，回家後仍癱在床上流淚。我心裡想，為什麼一個十多歲的孩子要經歷這麼多，承受這麼多的苦？

那次的經驗，讓我很深刻感受到，我只能陪伴孩子們一時，我無法永遠陪著他們。我感到自己的無力，我不是萬能的，而是個很有限、很平凡的人。

我也開始反思，體會到我只是一個老師。我只能盡力做好眼前的每件事，並且接受不一定可以改變每件事的事實。

孩子，有他自己的路，有自己該擔的責任。

第二個不容易的，我覺得是……

二、接受學生的挑戰

PTS教育設計了一個讓學生敢說話，願意表達想法的氛圍，目的是訓練孩子獨立思考。很多的課程會打破學生的印象，發現原來自己可以這樣說話。

我們展開雙手，接受多元的學生，接納他們各式各樣的疑問、挑戰、語言……於是，在課堂上就充滿了很多未知，有很多不一樣學習的可能性。常常課堂的發展是不可控也無法預測的。

讓學生練習表達、開始思考是好的，但有時候我覺得我們好像是在自找麻煩（笑）。

一般學校用成績或威嚴來壓制學生，一開始很有效率，但長久來看，關係被破壞，教師更難貼近學生，學習長久的效果也是下降的。因為孩子們不知道為何而學，也不知道學了可以用在哪裡。

我自己也是受這樣的教育長大的。老師是老師，學生是學生，不能踰矩。當學生挑戰或是表達想法時，老師就認為是在找麻煩。我自己同樣經歷了這樣內在的轉換。

在我現在的課堂上，學生偶爾會挑戰我，說：「為什麼要上這個課，這對我的學習是什麼？」學生會開始思考，思考學習對他自己而言是什麼，而不是全盤接受。但當孩子們提出問題的時候，就是個關鍵的時機點，我可以在那個面對質疑的瞬間，多說一點課程背後的為什麼，以及我對他們的期待，藉此和學生建立關係。

在這個過程中，就能培養出敢說話、會說話、說得有效果的孩子。老師也能藉此不斷反思、進步，探討什麼樣的課程是學生真正想要和需要的，讓學生能找到學習的動力。

例如，我在帶三年級下學期的一日餐廳課程時★，一個假日的晚上，負責的學生打電話問我：「Kyle老師，我不想做了，到底為什麼要做一日餐廳？」原來，孩子核心的問題是怕賠錢，因為他把所有的責任都扛在自己身上。

週一上課時，我就找這組的孩子們一起進行對話，讓每個人把自己的擔心說出口。我帶著孩子們思考，大家一開始為什麼要做一日餐廳？「想要在畢業前幹一件大事。」「想和朋友一起玩一件很酷的事。」「想要學習創業，這是我畢業後的夢想。」當每位孩子都說出心中的想法時，卻沒有人說到錢的問題。

那位負責的學生最後和組員們說，其實虧不虧錢好像不那麼重要了。當他把自己的害怕說出口之後，就沒那麼有壓力了。反而，他現在認為，和朋友們在畢業前完成一件有意義的事，是更重要的。

我若在一開始就直接否定這個孩子提出的挑戰，或二話不說劈頭大罵，就無法化解學生的問題，也沒辦法發現每個孩子背後的想法了。

「在PTS教育擔任老師，沒有改變我起初對老師一詞的定義。」在訪談的尾聲，Kyle老師這麼分享，但在她自己的學習歷程裡，的確從來沒看過這樣的老師。「我心中總覺得老師就該是這樣，」她坦率地笑了，露出大大的笑容，「讓學生好好當一個人，也好好活得像一個人。」

回到老師自身，我也有這樣切身的感受。剛開始，覺得這裡不是人待的地方；待久了，才發現自己活得愈來愈像一個人。待在一個能成就孩子、成就自己、成就夥伴們的場域。

二〇五〇年，老師仍無法被取代的事

若要做個老師內心的恐懼清單，其中一個絕對會榜上有名的，就是害怕課程教不完，進度趕不完。

長久以來，學校自居於正確答案的授予者。學生只能嘴巴閉上、接受老師的單向灌輸。傳統教育致力在培養有知識的人——有正確、標準答案，讓學生能透過考試，證明自己對知識地圖的掌握能力。

但怎麼樣才算是教完？

政治大學教育學院陳榮政教授曾分享，隨著一〇八課綱的推動，這幾年，若去翻學測或會考的題目，會發現沒有一題是完完整整從教科書中搬出來的。以往，也許只有英文科沒有考試範圍，到現今，是每一科都沒有範圍。

過去的考試，考學生的知識、記憶；現在的考試，考學生的認知、連結和素養。知識性、背誦性的東西不再會出現在考試裡。學習愈來愈重於脈絡、理解，與故事性的整合。

台灣考核學生能力的方式在改變，那老師的角色有在改變嗎？

根據專家預測，未來很多職業即將絕跡，就像現在回顧過去三十年，很多職業也逐漸消失。那三十年後的二〇五〇年，還需要有老師的存在嗎？如果ＡＩ能取代很多職業，那老師的角色，到底有什麼是無法被取代的？

二〇一七年，在我的第一本書《老師該教，卻沒教的事》裡，我曾寫下這句話：「當我回顧，我發現，進入社會中，所有教育過程中所給我的知識，幾乎沒有幫助。學校教了我學科的能力，但合作、表達、處理關係、解決問題……的能力，是誰教給我的呢？」

老師給了學生什麼能力，讓他們出去與別人競爭？我們教導孩子從現有的選項中「找到」職業，還是陪伴孩子探索自己喜歡的方向，讓他們「創造」職業？

讓孩子成為他自己的四個關鍵動詞

在PTS教育中，教師與學生一同走過學習的歷程。教師與學生之間的連結極為緊密，不再只是講台上解釋教材及台下乖乖聽講的安靜畫面，而是在挫折與迷惘的陪伴、課堂小組討論或是任務處理的過程，有著大量的對話、爭辯與共創。

在這樣緊密的學校生活中，「教師」不僅是一種身分或職業，而是真實和學生在環境中共同生活的人。這種「非典型」的老師，在面對學生時，有四個最重要的任務：

一、信任

PTS的教師有個深深的信念：每個人都是解決自己問題的專家，相信學生有能力面對他所在的困境。

一個生命無法「幫助」另一個生命，因為每個生命都是對等、自有自足的。大人無法強逼孩子學習，或硬要孩子改變。除非孩子發自內心願意，否則都只是配合演出大人的劇本。

知名的心理治療師王浩威曾說：「要給孩子足夠的個人空間，讓他有自己的祕密花園。有足夠的個人空間，才會讓他內在的『我』有機會長大。」信任，就是讓孩子的自我開始發展，很多孩子在成長的過程中，很少被大人信任過。人們在不被信任的環境下長久生活，也會下意識地反應出不被信任的行為，處處充滿防備、憤怒、沒有安全感。

當一個人被接納後，他才有足夠的安全空間，進而展現出更多讓人接納的行為。信任是一種很強大的力量。當老師願意相信學生，他們也會相信自己，才有機會開始回到自己，找到學習的動力，踏上自主學習的第一步。

一位原本很自卑的孩子分享：「謝謝老師願意信任我，相信我會把自己的事做好。這是個很強的力量，在老師與學生之間、學生彼此之間流動著。」

信任不僅是一個口號，更是實際的行動。老師如何在與學生的相處中，具體展現出信任？在分組時，多給孩子自主討論的空間；孩子犯錯時，聆聽他背後的原因；當孩子承諾時，給予足夠的支持。

信任是一種選擇，是一種願意。當老師表現出信任姿態，孩子們也會感到學習場域是安全的、安心的，在團體中也更能開啟對話空間，建立互信的基礎。

二、好奇

國際知名的家族治療大師賀琳・安德森（Harlene Anderson）曾說：

身為老師，一個在關係中扮演著權威的角色，常會被這個角色所限制。有時我們找孩子談話，常只是帶著自己的目的，不會想聽對方說些什麼。身為老師很容易預設立場（assumption），會受到很大的誘惑去幫他療傷、幫學生決定，去假裝自己都瞭解孩子的狀況。

因此，我們可以常提醒自己，不去假設對方會說什麼，而是相信對方可以說出他想說的。甚至，把和你對話的對象當作「老師」，以好奇的姿態，向他學習你所不知道的事。

賀琳老師所說「好奇的姿態」，就是一個「我知道我是不知道的」（I know I am not knowing）的態度。

在課堂中，向學生以好奇的方式提問，減少控制對話的走向，鼓勵、尊重學生用自己的話語來表達，一面允許不同聲音在班上發聲、流動，但一面又不斷適時拉回主題，讓學生在分享中創造更多的可能。

透過在課堂中更多的問句與好奇，老師的挑戰增加了，因為將會出現許多未知與不確定性，孩子各樣的聲音、挑戰、疑問，也許會相繼出現。

然而，在老師願意好奇孩子的背後，是相信與尊重每個孩子的獨特性，聆聽多元的聲音，看見不同，也讓孩子更有力量成為不同。

三、陪伴

夏創辦人說的陪伴，不只是一般的陪伴，而是「有品質的陪伴」，他分享：

> 陪伴就是介於「教」和「不干涉」的兩個極端之間，是老師最重要的學習。

有品質的陪伴，就是走在孩子的身邊，同他一起前行。不是在孩子身後下指導棋，或在前面用繩子硬拉著他去老師想去的方向。

有品質的陪伴，是和小孩保持「一隻手」的距離。我的眼睛關注在他身上，他隨時伸手可以抓到我，我也隨時可以抓到他，而我選擇讓他自己走。但是當他求救（call help）時，我就一定抓住他。

這樣的陪伴，有三件重要的事：

首先，陪伴是一種回饋：陪伴不是什麼都不做，而是關注學生在課程中的參與狀況。透過對話，讓學生更瞭解自己的狀況。以對話的方式刺激學生有更多思考，建構出他想要的模式。

再來，陪伴重在品質：陪伴的時間不一定要很久。即使是五分鐘、兩分鐘，有品質的陪伴就很驚人。讓孩子知道你的願意，讓他知道在你眼裡他是個寶貝的學生。無條件地欣賞他，這是個禮物。

最後，陪伴讓孩子能自主選擇：課程中是否有足夠的空間讓學生選擇、展現？

當孩子開始有學習的動機，老師給予資源，對話釐清、協助檢核，鼓勵學生做不同的嘗試，即使犯錯或失敗也是學習的一環。

關係重在陪伴，不是在給答案。給答案是結果導向的做法，陪伴才是關係的路。在這樣的陪伴下，三年級的葳葳說：「我的邏輯變得更好了。老師給大方向，比起直接告訴我們該怎麼做，會更有成就感、更開心。」

四、拉界線

夏創辦人曾說：「真正的自由需要有限制。沒有限制的自由有兩種結果：專制或放縱。」

為了讓孩子們能共同在自由開放的環境下學習，營造自由安全的空間就是必要的，這是個無限大卻有邊界的學習場域。要守護孩子們的自由，不能沒有限制和框架存在。

界線也是讓孩子清楚明白，必須為自己的選擇負責。例如開平餐飲學校有一個明確的界線：「不侵犯他人身體；而且是以被侵犯者的感受為主。」這樣的界線，就是讓孩子體會人與人、人與團體之間即使再親密、再隨意，仍是有一條不可踰越的線。

明確的界線就像是一堵牆，刻意衝撞就必然會受傷。當孩子觸犯到「侵犯他人身體」這條界線，他就得認真思考，是否真的珍惜在這個自由環境下學習的機會。界線的目的不是處罰，而是讓孩子透過價值釐清，行為改變。

除了校園整體共同的界線外，老師在班上也可以和孩子們共同討論彼此的界線。例如有的老師很在意尊重、環境、約定等，就可以透過討論，建立班級裡的界線。讓孩子們曉得，某些行為是不被允許的。

然而，界線也不是隨心所欲地訂定。老師必須在教學中不斷問自己，這麼做的目的是什麼？這個界線或約定是否能幫助學生成長、往目標前進？

信任、好奇、陪伴、拉界線，是四個PTS教育的教師們在面對「未來的教育，老師角色可能有什麼改變」的回應。

於是，老師的角色從傳統的教學者，慢慢有了更多面向的可能：陪伴者、教練、顧問、連結者、共同學習者、資源提供者、觀察者、合作的專家、諮商者、潛能激發者……讓孩子在今日這個網路資訊取得極其便利的時代，能擁有獨立思考、破框創造（out of box）、合作共創等引領未來的能力。

★：一日餐廳課程

一日餐廳課程是讓未來有心開店的孩子，幾個人形成一組，規劃、設計、販售，並實際經營一日他們心目中的理想餐廳樣貌。在籌備的過程，學生能實際運用且統整在學校內學習到的能力——烹飪、企劃、行銷、餐廳布置、菜單設計、成本計算、外場服務等，讓他們在實境中預先學習開店的辛苦。

關鍵字No.9：學生 Students

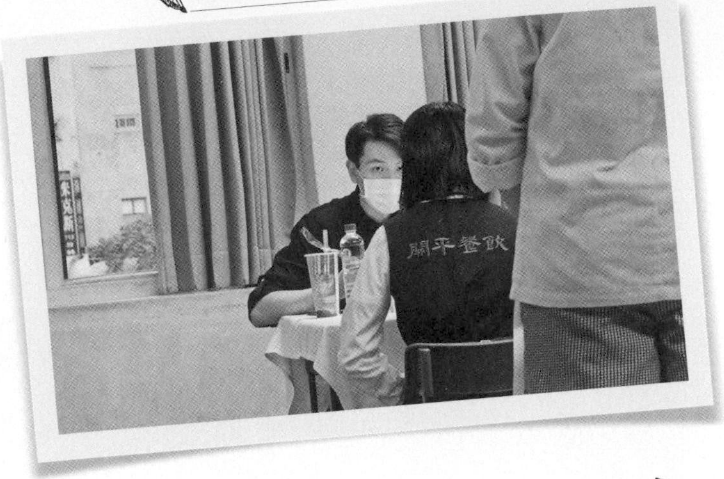

2-9

用喜歡的方式，成為喜歡的自己

知識都是大人給的，課本都是學校發的，上課的內容也都是老師決定的。大人常覺得孩子不懂，早期普遍更有「囝仔人，有耳無嘴」的觀念。其實，內心深處，孩子們都知道自己想要的，而且也曉得這些同樣是未來的社會所需要的。

他們想成為怎麼樣的大人？

二〇二〇年，有兩百九十一位入學的新生從台灣各地的國中而來，準備開啟他們學習的新篇章。

從國中到高中，在日曆上看起來明明不過幾個月的差別，但在心境上，卻有天翻地覆地改換。

在每年的新生入學前，老師們都嚴陣以待，在暑假期間早就馬不停蹄地開會，設計、建構這個學期的課程。然而有一日在會議中，突然有兩個問題被提出來，讓我們從一陣忙碌中被抽離，好像久旱的荒野響起了一聲驚雷：

「我們設計課程是根據學生的需要，還是老師們認為他需要？」

「我們有沒有帶著好奇，去理解孩子的想法與觀點，聽見背後的聲音？」

這兩個問題，是PTS教育的教師們，常會在設計課程或課程進行時，用來自我反思的問句。

於是，會議的議程暫時擱在一邊，老師們開始好奇：在一個十五、六歲高一孩子的心靈，是如何看待自己和世界的？

在這個即將步入「大人」的尷尬年紀，當前後腳踏在人生分野的大裂谷上時，他們心目中的「孩子」是什麼？「大人」又是什麼？

如果他們可以有選擇權，他們會如何決定要學什麼？他們想成為怎麼樣的大人？

這些過去多是傳統體制教育長上來的孩子，又會怎麼思考自己的學習？

孩子重要？還是課程重要？

在那個會議中，老師們決定，我們沒有想要那麼快進入課程，而是在正式課程開始前，先進入孩子們的視角，好好理解他們，並嘗試用他們的眼光來看自己、看他人、看世界。

相當巧合，學期開學前，我剛讀完了龍應台女士的小說《大武山下》，深受感動。書中的女主角在為小鎮的孩子們家教國文時，先給他們設計了幾個問句。這些問句簡潔卻直指人心，非常有啟發性。於是我將書中的幾個問題和老師們的討論後，設計了一份「學習的序幕問題集」，在進入新學校的第一週，讓孩子們靜靜思索、細細寫下自己的答案。

開學後，在七個班級、七位老師進班時，我們和這兩百九十一個孩子說：「我們想多理解你的想法，理解你看世界的方式，也期待在這所新學校，我們都有一個新的開始。這些看起來簡單，卻好像又不簡單的問題，請你用心思考，慢慢回答。」

在回答這些問句的同時，其實孩子們也慢慢意識到，自己不再和過去一樣，僅是個被動的學習接受者，而是該逐漸奪回學習的自主權，成為學習的主人。

讀著孩子們回應的文字時，我一面震驚孩子們的真誠，一面內心翻攪著說不出來的複雜情緒。

第一題 身為「孩子」，最難的是什麼？

● 上課不睡覺吧！

- 我無法變成家人所希望我成為的樣子，我知道我哥哥姊姊很優秀，我也感到驕傲，但總有那麼一瞬間會很討厭他們，我明明就是我，為什麼一定要變成大家所希望的樣子？
- 讀書、上學、寫功課，大人明明在我們這個年紀的時候也不喜歡做這些事，為什麼還要強迫我們？
- 壓力，能不能做到夢想中的自己，以及別人期望的自己。
- 家長不會讓孩子做決定，也不聽孩子說的話。
- 完成父母心中的期許。
- 把不重要的知識塞進我們的腦袋裡。
- 讓無法理解自己的大人，真正地，也打從心底地去瞭解我們。
- 讓家長知道自己有在努力，認真努力時能被注意到。
- 我不曾當過個孩子，所以我覺得無法回答這問題。
- 讓大人能理解我們的想法跟世界，雖然可能小孩的想法跟世界都帶有那麼點的天真、爛漫，當大人們聽了我們對一件事的看法，或我們做了件你們覺得很蠢的事，甚至我們把最真實的感受告訴你們的時候，你們就會用經歷過這麼多滄桑的經驗告訴我們：「拜託，成熟點好不好，怎麼會有這麼多不現實的想法？」……但你們知道嗎？當我們願意去分享我們的世界，得到的是這樣的迴響時，會讓我們覺得在你們大人的眼裡，我們的世界就是那麼地幼稚可笑，以致我們無法對你們打開心房，不再與你們分享。

- 能不能達成曾經對自己未來所訂下的期許。
- 被誤會卻無力反駁。
- 真正意義上的表達。
- 坐在學校的椅子上，聽著數學老師上畢氏定理／聽著自然老師天馬「行空」地說明星月的原理／聽著國文老師說著古人的詩，卻一句都看不懂／聽著英文老師說@#$%……

第二題　在你心目中，大人的特質是什麼？

- 大人永遠把自己認為對的事塞到孩子腦中，逼我們認同，然後再對孩子說：「我們是為你好，我們是過來人，我們知道什麼對你最好！」
- 臉上都有充滿故事的皺紋。
- 從小到大我都認為大人很奇特，他們可以輕易地放下某些讓他們很難過的事，但有些時候又會很執著在很小的事上。
- 地位比孩子高，說話永遠是在命令與陳述，雖然表面上看來有問句，但心裡都已經做好決定，孩子的意見沒有什麼參考價值。
- 不把工作的壞情緒帶給我們。
- 做錯事不會直接認錯，在孩子面前都有面子的問題。
- 為了家庭拚命賺錢，卻忘了陪伴的重要性。
- 一樣是人，只是多活了幾年，就是比我們活得久的人。

第三題 所有你在學習的東西，哪一件你覺得對你將來成為大人會真正有用？為什麼？

- 思考能力：對我來說，會思考時，自己就會理解對方與體諒對方。思考過程也許沒有正確答案，有時候思考真的可以解決與處理，思考是決定自己的品德。
- 如何學習一件事！因為長大後一樣要學習，要找方法去學習！
- 口說能力：口說是一件非常有趣的事，有時候明明就是一樣的句子，但用不同的語氣說，就會變成不一樣的句子。
- 忍耐，每當老師在上課的時候，我就很想下課，所以我要忍耐到下課～出了社會，身旁沒有人時，不管做了什麼，都必須要先忍耐。成功的背後需要努力&毅力&忍耐，沒有了忍耐就會想放棄，而失去了努力&毅力。
- 學會當個誠實的人，有時候會因為內心的膽怯，做事情不敢做敢當，而違背自己良心。
- 交朋友，也許能從這個枯燥乏味的世界找到一點打從內心的快樂。

- 休學吧！這段時間思考了許多事情，如果不是這段時間的沉思、工作及環境改變，可能現在的我一樣屁。

第四題 如果你可以決定，你覺得學校該教什麼？或者你真正想學什麼？

- 不單單教課本，還有教做人的道理。
- 讓孩子發現自己的興趣與專長。
- 讓我們學會認識自己。
- 學校不該教，我想學的我會知道。
- 如何真正處理自己的情緒。
- 性教育，現在的人講到性這方面還是不成熟。
- 時間管理，不希望錯過了人生很重要的機會。
- 出社會能用的東西。學會三角函數、化學式，會背三百首唐詩又如何？我認為短短下課十分鐘與同學的相處，比上課四十五分鐘聽老師說以後十之八九用不到的東西要好太多了。

第五題 如果可以給世界上所有的「孩子」一個禮物，你想給什麼？

- 我的過去。
- 善良的心！因為這世界人性的陰暗面很容易透過周遭的朋友及傳播媒體來散播不好的事情給我們，使我們被糟蹋。
- 自由，太多限制會造成我的心理不平衡。
- 不畏懼一切事情。
- 不需要成長的藥。
- 「親情也能是友情，家人也能是朋友」的這份關係。
- 一個能夠快樂、和平、理性溝通的世界。
- 我想給所有孩子一個讓他舒壓的東西。不管是跳舞、唱歌、畫畫等，希望他們都找到自己喜歡的事情做。

- 瞭解自己的價值。
- 健全的心。
- 我想給他們一個「目標」，並且能夠去完成，那些有了目標的小孩繼續努力，沒有目標能有一個方向去努力。

第六題　三年後，當你畢業時，你想成為一個什麼樣的人？

- 想成為一個雖然成績不是最好，但有獨立思考，懂得解決問題的人，而不是只會賺錢、學歷高但不會處理問題的人。
- 能溝通、好相處的人。
- 不要想太多，開開心心就好。
- 有意義的人。
- 不會迷惘能照著自己的想法、行動，擁有自己的主見。
- 不給別人壓力的人。

● 會煮飯，愛女友的男人。

如果可以決定，你真正想在學校學什麼？

從小到大，這群孩子們很少有機會決定自己學習的路線。知識都是大人給的，課本都是學校發的，上課的內容也都是老師決定的。而現在，他們終於有機會為自己的學習發聲。

除了讓孩子們個別寫下心中的答案外，老師們也在各班讓他們好好說出這些也許他們從沒想過，卻一定在成長的歷程，深深體會過的深沉叩問。

透過分享，孩子們彼此的感受也「同頻共振」，有些學生驚呼：「原來你也有這樣的想法！」

這些問題，好像一把鑰匙，打開了孩子們心內深鎖已久的房間，他們伴隨答案傾巢而出的情緒——憤怒、哀傷、無奈、暢快，幾乎快要將我淹沒。

學校真正該教什麼呢？未來的社會又需要什麼呢？這幾年來，世界各地的各大教育專家都在討論未來需要的能力。世界經濟論壇（World Economic Forum）蒐集了全球知名公司的人力資源主管的資訊，發布未來工作報告，提出了二〇二〇年必備的十大技能。

在上述「學習的序幕問題集」第四題「如果你可以決定，你覺得學校該教什麼？或者你真正想學什麼？」我整理出孩子們前十五名的回答，和世界經濟論壇提出的十大技能，將兩者並列呈現，發現有驚人的同質性：

孩子想在學校學習的能力vs.二〇二〇年必備的十大技能

兩百九十一位孩子想在學校學習的能力（前十五名）	世界經濟論壇提出二〇二〇年必備的十大技能
1. **人際關係→E**	A. **解決複雜問題**
2. **做人處事→E、F**	B. **批判性思考**
3. 生活技能	C. **創意**
4. 社會真正的樣貌	D. **人員（力）管理**
5. **表達、說話的技巧→I**	E. **與他人的協調**
6. 自我探索	F. **情緒智商**
7. 專業技術	G. **判斷與做決定**
8. 時間管理	H. **服務導向**
9. **尊重、禮貌→H**	I. **談判協商**
10. 賺大錢	J. **靈活思考能力**
11. **團隊合作→D**	
12. **情緒管理→F**	
13. 自律	
14. **解決問題→A、C**	
15. **思考、如何做決定→B、G、J**	

這兩列清單，一邊出自於未受過任何教育訓練，卻在教育體制中翻滾了近十年，十五、六歲孩子們心中的吶喊；另一邊，來自於業界頂尖專業人士數十年閱人無數的經驗累積。兩邊沒有任何串通、討論，相似的程度卻超過了百分之七十，根本就有著異曲同工之妙。

這說明了什麼？

大人常覺得孩子不懂，早期普遍更有「囝仔人，有耳無嘴」的觀念。其實，內心深處，孩子們都知道自己想要的，而且也曉得這些同樣是未來的社會所需要的。

世界不會為你創造學習機會，只有你自己才能幫你創造機會

雷豫畢業三年了，今天帶著女友到宜蘭看我，手上拎著一袋「鳴草」的精品咖啡豆，漾著滿臉幸福的笑容。

這讓我深感老師的價值——若你從不放棄學生，有一天他會讓你驚訝，甚至會讓曾經想放棄的人慚愧。

我所說的價值，不在於那一包咖啡豆，而是他這六年戲劇性的變化……

一年級時，雷豫光一個學期就能曠兩百節課，幾近休學邊緣。不來學校，也找不到學習的動力，神色蒼白、目光渙散，就算來了也常癱軟地趴在桌上。

二年級時，當身旁的朋友們都出去校外實習了，突然之間，他驚覺似乎該為自己尋找目標了。

於是，他決定撰寫自主學習計畫。因為同樣是咖啡成痴，他找上了我，堅定地說自己想朝咖啡師邁進，想和我聊聊。那時，是我和他真正有了交集。

像變了一個人一樣，雷豫每天帶著專業的咖啡器具來學校，主動尋找學習的資源。他和學校的咖啡師討教，也四處找老師試喝回饋、評分，讓我的辦公室每日都瀰漫陣陣的咖啡香。

同時，他也在咖啡店打工，一面自學、一面實作，半年內就考上了咖啡師證照。

經過這個自學探索的旅程，他赫然醒轉，發現其實身旁的資源都是在的、老師的支持都是在的，他的能力，當然也一直都是在的。

過去，不是世界離棄了他，而是他將世界關在門外。

畢業後經過幾年咖啡師的歷練，有個機會一來，他很快地轉到日式料理店工作。短短八個月的日料經驗，他從學徒到師傅，很快受老闆的信任，便入股成為股東，肩負起店長的職責，負責新人的招聘與培訓，薪水儼然已把我甩在後頭。

然而，看似風光順遂的背後，卻都不是平白而來的。這段時間，他每週有一天必須清晨三點起床，從台北驅車直闖大溪漁港，從一竅不通起學習認識漁獲，在世故老道的魚販們中周旋、生存，自學起自成一格的挑魚know-how。他得意地和我分享：「這快速自學的能力，就是我在學校被逼出來的。」

今年，雷豫也回到學校擔任學弟妹們面試的模擬考官，他第一個面試問題就是：「你覺得自己比其他人更能夠勝任這份工作的優勢是什麼？」犀利、成熟、穩健，讓面試的學弟妹敬畏三分。

我幾次邀他進入班上與孩子們經驗分享，在旁默默觀察他侃侃的自信，不禁對照起他一年級的樣子，真有天壤之別。

原來，當時間的間距一拉開，差異可以這麼劇烈；當信任的長度被延續，力量可以如此強大。

尤其是他談吐中勵志、中肯的建言，讓我也變回了學生，一起頻頻點頭，狂打起筆記了：

- 你需要找到自己的學習方式。沒有所謂的正常，每個人的學習路線都是「非常軌的」，以我來說，就是透過打工，才最快知道自己的興趣。
- 在學校最重要的一件事，就是學會思考。而透過不斷接觸新知，會促發你不斷思考，慢慢摸索、找出自己的路。
- 長大了之後，沒有人會再逼你做什麼了，老師會陪伴、鼓勵，但選擇永遠都在自己。
- 世界不會為你創造學習機會，只有你才能幫自己創造機會。

孩子，你究竟為誰而學？

五年前，我遠赴奧地利參訪了幾所創新教育的學校。其中格拉茲城（Graz）的

KPH小學校長溫朵・丹妮拉（Widorn Daniela）的一句話，如一記鐘槌撞碎我的固有觀念，讓我牢記至今：

我從未看過懶惰的學生。懶惰是「造就」出來的，當孩子不學的時候，不是因為不想學，而是大人把學習變得無聊、僵化，令人窒息。學生該成為自我學習的主人、自我學習的大師；而學習的動力，來自他們的內心深處。

教育是無法強迫的；教育需要自己主動。唯有當孩子主動想要學習，他才有機會真正開始學習。

不僅如此，主動性也讓孩子更有韌性、更有毅力面對挫折和失敗。因為他曉得，除了自己之外，他不為任何人而學習。

關於未來，也許一個十五、六歲的孩子還沒有明確的想像，但若他能在一個充滿自由與彈性的環境中，他就能按照自己的步伐，找到自己的定位，逐步探索未來。

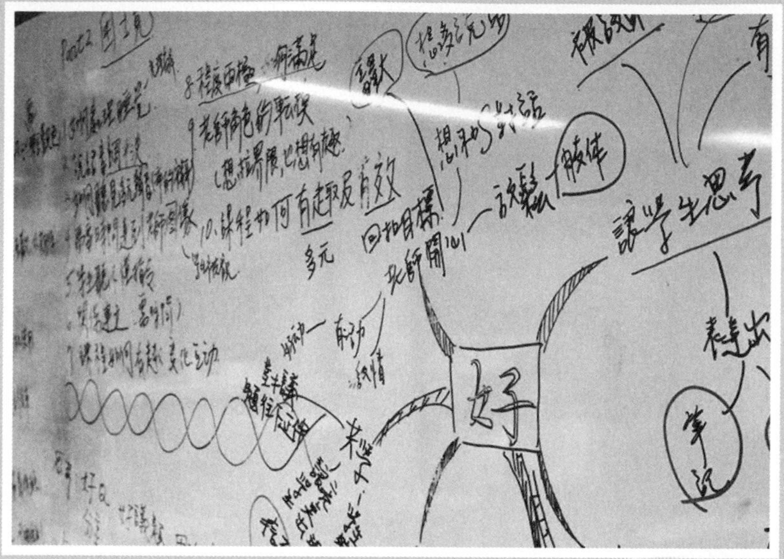

Part3

下一步，我可以這麼做……

走過這樣的學習體驗，
有如經歷了一場內在與外在的龍捲風洗禮，
每一步驟就像從地面急速升起
一環又一環向上的溫暖風暴氣流，
從信任開始，以反思為終，
不斷迴旋上揚的學習進程。

你在這裡可以敞開心房，自由、自主。

3-1

一幅理想的學習風景——五階段體驗，重新扭轉學習想像

如果把鏡頭拉遠，從課堂風景，放大到校園環境：「學校該長什麼樣子？」「為什麼學生非得來到學校？」「學校有什麼無法被取代的地方？」這幾個巨大、艱難的探問，是二十一世紀所有真誠的教育工作者所無法迴避的問題。

分享心目中「好」的課堂樣貌

學期開始了，老師們分別走進不同的教室，各自努力經營班級、進行課程，有一些消耗、一些無力、一些自己才懂的成就。

三週很快就過去了，每一天下午，等孩子們一窩蜂嬉鬧離開校園後，老師們都會圍聚在一起，討論學生們的狀況。我發現，在會議中大家很容易被「不好」吸引了目光，容易聚焦討論個案、遏止負面行為的方案，或指出不好的課程內容，卻很少聊到各自內心對「好」的期待。

老師們不喜歡的課堂樣貌，隨意一想似乎就可以列出一紙無盡的名單：

- 孩子們的眼光黯淡無光。
- 老師總是課堂的唯一真理，台下一片死寂。
- 謾罵、斥責、不信任的風氣。
- 學生滑手機聊天，沉浸在自己的世界。

● 僵化死板的座位安排。

● ……

但這天下午，老師們圍聚在一起，暫時放下焦慮事務，來談這段時間學生們的樣態與課程進行的狀況，也讓大家分享心目中「好」的課堂樣貌是什麼，彼此學習，並建立共識，形塑共同圖像。

甚至，更進一步，我邀請每個老師說出，當他看見課堂上出現了什麼畫面，會讓身為教師的我們感到滿意？

我們先從各自班級的現況說起，再分享所遇見的困境，與自己內心對「好」的課堂圖像，最後，來思考需要做什麼才能達到這樣的「好」。

這一天，在彼此的分享中，又從對方身上學習了一些，於是教師團隊更有力量，繼續前進。

創新教育的課堂風景，有哪些可能性？

如果把鏡頭拉遠，從課堂風景，放大到校園環境：「學校該長什麼樣子？」「為什麼學生非得來到學校？」「學校有什麼無法被取代的地方？」這幾個巨大、艱難的探問，是二十一世紀所有真誠的教育工作者所無法迴避的問題。

然而，世界各地，早已有各種優異的創新教育試著回應這樣的探問。而他們的校園／課堂風景，脫離了排排坐、方方正正、一人講眾人聽的傳統風貌。

如果，典型蒙特梭利（Maria Montessori）的課堂畫面，是孩子們專注地在實體操作橫跨各種領域——藝術、科學、工程、設計——的教具，即福祿貝爾（Fröbel）所稱的「恩物」，觸發孩子的感官發展，讓孩子沉浸於創造力與想像力的學習體驗。

如果，典型華德福教育（Waldorf Education）的課堂畫面，是老師與孩子們晨圈團聚，吟唱歌謠、舞蹈，在四季遞嬗的慶典盛宴中不停止，與自然一起生息，用藝術、寓言、偶戲、歌謠，天然的玩具——貝殼、松果、羊毛氈、蜜蠟、石頭，激發孩子的創意，讓幼兒的「感官體」充分發展。

如果，典型ＰＢＬ（Problem-Based Learning）問題導向學習法的課堂畫面，是從一個擬定的情境案例，讓小組進行發想、討論，自主進行知識型的探究，最後透過統整與發表，試圖解決最初設定的問題。

那，看到什麼樣的學習畫面，走過什麼樣的學習歷程，可以稱之為典型ＰＴＳ教育的課堂風景？

ＰＴＳ教育的核心內涵，是九大關鍵字，但它顯性、可見的課堂樣貌，則有五階段的學習體驗。

ＰＴＳ教育的學習體驗

現在，請你緩緩閉起眼睛，默數三秒，發揮想像力，喝下一罐時空藥水……當你張開眼睛的時候，你已成了一位洋溢著青春活力的學生，以第一人稱的視角，走入ＰＴＳ教育的環境……

一、信任（Trust）

首先，你感受到周遭的環境，是一種隱隱約約、難以言喻，帶給你安心的氣氛。老師透過「氛圍營造」，讓學習的土壤是安穩、妥貼的。

你在這裡可以敞開心房，自由、自主。信任，是一種迷人的循環，教師信任孩子有力量找到學習的步調，孩子也將回饋以信任，願意為自己的學習負責。

二、連結（Association）

進入了課程，你發現不論課程的主題是什麼，都能回應自己內在的需求，也連結了自己的過去、現在和未來。老師會讓你思考，這課程與自己的關聯，讓你清楚課程設計背後的原因，不再是為了背誦而背誦、為了考試而考試、為了完成而完成。

老師透過「看見孩子」的想要和需要，並對應社會的脈動，你漸漸能自我察覺，從不同的課程中發現自己的興趣和目標，內心升起一股做夢的勇氣。

三、共創（Collaboration）

接著就是課程執行的核心階段，你發現老師的角色不再高高在上，而是透過「陪伴引導」，和你站在一起，與你一起建構知識的想像，一起探索未知的答案。

你也發現，身旁的每個同學都是不能少的，學習因為彼此更加豐富，你因為他們更有力量，他們也少不了你；因此，逐步找到在團體中的定位和價值，和團隊共創，透過做中學、玩中學，甚至錯中學，尋找資源，找到問題解決的力量。

回頭一望，你發現，課程的脈絡因為每個人的投入和共創，早就超越原本的預料。

四、展現（Application）

轉眼間，課程到了一個段落，帶著滿滿的學習，你將試著統整自己的學習，帶著忐忑的心，踏上舞台、分享成果、放膽展現，真正成為學習的主人。

老師透過「搭建舞台」，量身定做每個學生的展現方式，讓資質不同的孩子能有多元展現亮點的機會，展現團隊智慧，團隊也共享榮耀。你有機會展現給家長、社區的民眾，甚至應用所學，回饋給社會中弱勢族群，心裡始終沒忘記真實社會的需要。

五、反思（Reflection）

最後，在課程的尾聲，老師帶著大家「經驗整理」，回頭細數課程走過的足跡，思考從這麼多複雜交織的經驗中，對你有意義的學習是什麼，你可以將哪些經驗帶往下一個階段。

於是你認真反思，透過團體不同面向的相互回饋，思考在各個重要的環節中，如果重來一次的話，會有什麼一樣或不一樣的改變，讓學習回到自己，並繼續延伸、創造未來的可能性。

然後，你懷著滿足的神情，歡快地走完了一圈完整的ＰＴＳ學習體驗。

這五個學習的體驗：信任↓連結↓共創↓展現↓反思，是在ＰＴＳ教育的教學現場，最能夠看見的代表性圖像。（請見下頁）

經驗整理 ❺

1. 帶孩子統整課程中經歷的面向，找到可以帶得走的能力
2. 帶孩子思考如果重來一次，會有什麼一樣或不一樣的改變，創造未來的可能性

搭建舞台 ❹

1. 針對多元的孩子，量身定做適合展現的方式
2. 設計評量與展現方式，回扣到學習的檢核
3. 讓學生依照興趣，和當下的目標，選擇展現的方式
4. 思考和社會的連結與應用

陪伴引導 ❸

1. 放手、支持、陪伴，給出空間，讓孩子能自主學習
2. 觀察孩子的學習狀態，問一個好問題，讓學生的學習更有力量
3. 教師積極地陪伴，營造在一起的氛圍
4. 在設定課程的主題、框架、策略、內容時，與學生共創

看見孩子 ❷

1. 教師能理解學生的想要與需要，也認識孩子的家庭文化、脈絡
2. 清楚孩子的學習起始點，察覺他們的能力與興趣
3. 設計課程時，對應到社會的脈動，讓孩子所學能媒合到社會的需要

氛圍營造 ❶

1. 培育軟性、自由的環境，讓學習的基底，土壤是能接納多元的孩子
2. 營造微型社會──一個無限大，而有邊界的彈性空間，共同建立讓彼此舒服互動的方式
3. 信任孩子，相信每個人都是解決自己問題的專家

教師教學

典型PTS教育的課堂風景（五項學習體驗）

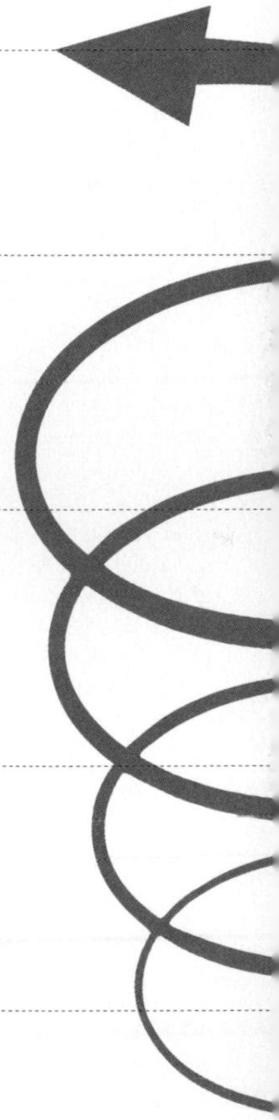

❺ 反思

1. 檢核自己學習目標的達成
2. 從經驗累積的學習，盤點自身狀態，為下一次學習做準備
3. 經過反思後，繼續延伸並創造

❹ 展現

1. 統整所學，展現並應用自己學習的內容
2. 踏上舞台、分享成果、放膽展現，真正成為學習的主人

❸ 共創

1. 視身旁的同學為學習的夥伴，與團隊一起學習，創造團隊智慧
2. 擁有做中學、玩中學、錯中學的心態
3. 能尋找資源，自主解決問題

❷ 連結

1. 孩子知道課程背後的目的是什麼，知道自己是為何而學
2. 孩子能看見這課程和自己的關聯
3. 在課程中，孩子能自我察覺到現在的狀態，發現自己的興趣和目標，進而擁有做夢的勇氣

❶ 信任

1. 校園氛圍是自由、自主的
2. 孩子感覺被接納，願意敞開自己，信任這個氛圍，在此安心學習
3. 開始為自己的學習負責

學生體驗

走過這樣的學習體驗，有如經歷了一場內在與外在的龍捲風洗禮，每一步驟就像從地面急速升起一環又一環向上的溫暖風暴氣流，從信任開始，以反思為終，不斷迴旋上揚的學習進程。

對學生和老師，不論是外在的課堂樣貌，或內在的教育觀念，也絕對是龍捲風級的撕扯與衝擊，但即使震撼、狂野，最終走完這樣的體驗後，絕對是滿足而暢快的，也會對學習重新賦予翻轉性的認知。

當學生找到學習目標時，動能自然引發。

3-2

給關切教育者的行動指南

以下給關切教育者的行動指南，出自PTS教育課程研發主任馬嶔十數年的硬底子經驗。她將PTS豐富的教育模式拆解成可讓人快速上手的工具箱，手把手帶著任何想立即嘗試的人開始實踐。

主題教學真的有那麼「神」嗎？

這幾年來，主題教學成了熱門關鍵字。這是長久忍受制式教育後的反動，在全世界壓倒性地成為新寵兒，儼然是傳統教育的萬靈丹。

然而，經過幾年的嘗試後，台灣各地的老師們都有挫敗感，發現好像主題教學也沒那麼「神」。其中到底出了什麼問題？

在經過訪談、互動後，我大致歸納了老師們共通的幾個感受：

第一，沒有足夠深廣的知識和經驗去支撐主題教學，課程不夠深入，孩子的學習流為表面。也許孩子們在上課的過程很開心，但課程結束後，到底學到了什麼卻說不太出來。

第二，傳統教育用簡單的紙筆測驗就能清楚得到學生的成績；但主題教學要如何評量學生的學習？

第三，習慣了排排坐、講台授課後，對主題教學課程常出現的不確定性和混亂感產生畏懼。

第四，主題教學尚在建構中，標準眾多，似乎不管怎麼說，都可以自稱為「主題教學」。

因此，PTS教育在談主題教學的時候，不會通盤否定兩百年來科目教學累積的智慧和價值。

主題教學和科目教學各有其亮點。例如傳統教學經過了兩百年的淬鍊，它在追尋普世性的真理，往往超越了生活經驗中的脈絡。

一位優秀的老師，不會盲目拋棄學科，擁抱主題教學，而是要避開兩者的缺點，吸取兩者的優點。

在陪伴孩子時，老師需看見學生的學習特質，仍系統性地掌握知識內容，知道什麼時候知識該被帶入課堂，採取不同的策略，深化孩子的學習。

以下給關切教育者的行動指南，出自PTS教育課程研發主任馬嶔十數年的硬底子經驗。她將PTS豐富的教育模式拆解成可讓人快速上手的工具箱，手把手帶著任何想立即嘗試的人開始實踐。以一個個最常被外界問起的問句做為標題，也對應到ＰＴＳ教育的九大關鍵字：

關鍵字No.1：分段Phaslized／如何讓學生建構自己的學習進程？

學習的分段（Phaslized），不僅是依學生年齡／年級對應學習的難易度，而是讓學生在試探中找到自己的興趣與方向，並且依照自己的步調完成學習的進程。因此，在ＰＴＳ教育中，需要更多等待的時間，讓學生摸索與嘗試，看似在繞路前進，但當學生找到學習目標時，動能自然引發。

「選擇」多，學習多更多！

教師在課堂中，可提供各種機會，讓學生選擇，例如：任務類別（企劃、宣傳、場地布置、攝影等）、任務的角色（領導者或被領導者）、任務發表的方式等，讓學生有足夠多的機會嘗試，幫助學生學習判斷。

選擇除了提供選項，先讓學生學習如何做判斷。

教師可透過優劣勢分析（SWOT）、需求表、夢想方案等，讓學生思考自己的需求，並推想選擇後會產生的結果。

透過對話協助學生釐清想法，以及建構具體的實踐方案。

在PTS教育中，開啟對話是教師最常使用的策略，透過「問一個好問題」，協助學生有更多的思考。此階段的對話，可以嘗試使用超越時空的對話方式，例如：

「如果有機會搭乘時光機，你覺得，三十年後的你會對現在做這個選擇的自己說什麼？」

「如果你最好的朋友知道你做了這樣的選擇，他／她會和你說些什麼？」

當教師給予學生選擇的空間與彈性時，學生就有機會建構自己的學習方式或模組。例如，有學生在三年的小組任務都選擇擔任攝影，家長曾提出疑問，一樣的任務學生會有學習嗎？但這位同學因自身喜好與投入，攝影技巧逐漸進步，畢業後即任職於婚紗公司的專業攝影，這就是從興趣發展為專業，並成為職業的最佳例證。

關鍵字No.2主題Thematic／如何設計主題式課程？

PTS教育談的主題教學到底是什麼？

在談設計主題式課程前，需要先定調PTS教育所談的主題教學。主題教學為PTS教育的一大亮點，它解構了教科書，老師們自編教材，讓學習皆以學生的經驗為中心，連結學生的需求，發展出的學習主題。這樣的主題教學，有三個特色：

一、主題來自真實議題，對應學生的生涯發展脈絡

學習的目的是為了能對應真實生活所需，因此課程主題來自於學生所關心，或是達到生涯目標需要關注的議題。

舉例來說，PTS教育對於剛入學的學生，第一個課程主題通常都是以學生自我探索為主的課程，從「我」出發，慢慢向外擴展，探索對自己、家庭、社區、城市、國家相關的議題。

知識能被實踐在生活，應用於現實，培養孩子解決生活中的問題等帶得走的能力，以面對未來世界的挑戰。

二、超學科課程統整，超越學科既有界線

在全球各地，主題教學至少有三種歸類方式：

1. 科內統整：在某一個學科內進行主題教學。最常見的是在英文中，打破單元的限制，串連學習的知識點，用節慶或戲劇表演。
2. 跨科統整：在不同的學科間跨域統整。例如以「春天」為主題，看在國文、地理、地科不同的課程中如何發生。這仍是以學科的角度出發。
3. 超學科（trans-discipliary）：跳脫了學科框架思考，是以孩子的需求為起點，看學生在這個階段，面對未來的世界需要哪些能力。

透過超學科統整課程的實施，提供教師更多彈性教學的自主空間，超越學科既有的界線，選定真實生活情境的問題做為學習主題。

三、每個有趣的主題課程背後，皆有扎實清楚的知識點

ＰＴＳ教育中看似活潑無章法的主題課程中，背後自有它的亂中有序。課程的秩序，來自於其中扎實的知識點。教師們在寒暑假設計課程時，都會去看課程內的知識點，是否都能對應到課綱，不是憑空設計或想像出來的。

學生在主題性學習中，主要會發生兩種情境，一種稱為「知識群課程」，是針對學習議題的探究，在體驗探索中，透過資料閱讀、訪談、討論、實驗等各種方式，產生對某一學習議題的統整性學習。

另一種則稱為「專案群課程」，是透過方案任務，整合應用已學會的知識技能，或是為了完成任務，所產生的新的學習。學生所有的知識點，也將在這樣的活動課程中，被嚴謹地檢核。

這樣的課程設計，讓主題課程有跡可循，也能讓孩子在快樂學習的背後，真實學習到清楚的知識點，讓知識都能被運用、展現。

開始設計主題教式教學

PTS教育中的主題式教學，意指以學生的學習發展與需求為設計原則，超越傳統以學科為出發點的思考模式，下面將針對主題的來源及設計時需要關注的要點分別說明。

如果詢問主題如何來？可以從學生在不同年齡層好奇的事物、生活議題、生涯或職業探索等這幾個方向來思考，在面對高中階段的學生時，他們即將成年並且很快就要進入社會，關於獨立生活、職場樣貌、投資理財等主題很容易引發學生學習動能。設計主題課程時，老師們可以透過下面要點思考課程設計是否符合需求。

● 課程能否對應真實生活所需？

學習最終都是為了協助學生適應或面對未來的挑戰，我們很容易在幼兒園階段看到實踐性很高的課程，例如種植蔬菜、製作裝飾小物、照顧小動物等，到了學生年齡漸長，課程逐漸轉為抽象理解，但是抽象認知與概念依然可以對應真實生活所需，例如結構改變與承重力的議題，可以讓學生共同設計教室的桌椅或書架，不僅對於空間更有歸屬感，也更能理解抽象概念學習的重要性。

- 學生是否關注正要進行的學習主題？

如果學生對學習議題感興趣，他們就會投入極高的專注力與動能，因此在課程開始前，可以先和學生討論他們關注哪些議題？或是透過課程前的引導，讓學生開始關注學習的議題，這能幫助學生更快進入學習。

- 教師能否在其中有學習的熱忱？

在課程設計時，除了關注學生的學習需求，老師對於議題是否感興趣，也會直接影響教學，對未知充滿好奇的老師，也會帶出喜愛嘗試解決問題的學生。因此，在設計一個主題課程時，老師自身的興趣與投入也是很重要的。

- 主題可探索的內容是否足夠豐富？

在擬定主題時，教師可以嘗試使用心智圖（mind map）統整表等方式，梳理學生在主題中可以延伸學習的內容，協助教師安排課程與學習的進程。

下圖為一年級上學期進行的「家族菜」課程案例，PTS教師團隊在規劃課程時的思考方案心智圖。或以雙軸線的課程規劃來進行，主題課程可以交織多條概念軸線，穿插出現，就如同傳統的編織工藝，只是在不同的階段與視角，就會看到不同的圖像。左頁的方案就是包含自我探索與餐飲職業認識的規劃方案。

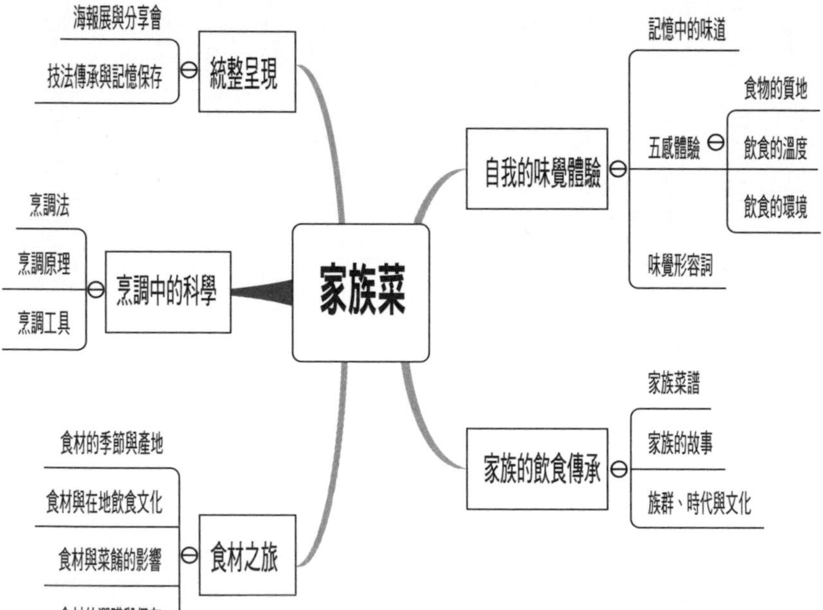

雙軸線的課程規劃方案

	階段一：認識自己	階段二：認識土地	階段三：生涯初探（以餐飲為例）
內在探索	我是誰？ • 暖身活動	我與社區 • 社區小故事 • 我居住的地方在城市、台灣、世界中的位置	我與食材 • 我的家族菜 • 家族菜中的食材
外部連結	我與自己 • 我的姓名與涵義 • 我的個性與特質 • 我與他人眼中的自己	我與城市 • 城市的發展脈絡 • 歷史中的重要人物和事蹟 • 物產或經濟型態	食材與產地 • 食材與其來源（產地／生產方式） • 食材田野調查（生產／選購／食材應用）
統整應用	我與家庭 • 我在家族中的角色 • 我們家族的組成與遷移 • 我們家族中的祭典、飲食或文化	我與台灣 • 台灣的歷史與族群 • 台灣的地理與物產	台灣味 • 台灣飲食的多樣性 • 台灣特產與烹調應用

關鍵字No.3：社會化Socialized／如何檢核學習成果？

在任務型或學生自主性高的課程中，學習檢核無疑是一種對話的邀請。教師除了透過紙筆測驗，瞭解學生在知識層面的學習外，還可以思考幾個要點，包含：

- 檢核是否能回應真實世界？
- 不同能力與特質的學生是否都能被看到？
- 檢核的方式是否符合教學目標？
- 學生能否透過檢核更瞭解自己的學習進程？
- 學生在檢核之後，是否能積累經驗並於未來應用？
- 檢核可否回扣教學並在日後的課程中延續？

在PTS教育中，最常透過成果展演做為檢核方式，例如學生在「菜單設計」這個項目中要學習食材搭配、營養、計算熱量、評估成本、擬定價格等，每個子項目學生都要習得相關的專業知識，但如果只是課堂中的練習，學生不容易從經營者的角度做通盤思考。因此，學校讓學生從舉辦園遊會開始，在看起來吃吃喝喝的活動中，能瞭解同儕的飲食喜好，以及餐飲準備的難易度；等到學生更成熟之後，透過「一日餐廳」的專案課程，實際面對銷售與營運時，菜單的考量就不僅僅是我們想要販售哪些餐點？而是在商圈型態、顧客、原物料取得、成本、員工招聘等各種現實考量中，設計出適合的菜單。

關鍵字No.4：遊戲Play／如何讓學習更有趣？

從小到大，我們最有動力的時候，就是在「玩」的時候！玩對學習的效益早已受到學者關注，SuperBetter的設計者珍·麥高尼格以科學的方法應證，遊戲可以讓我們提升在現實生活中更快樂、健康與成功所需的相關能力。大衛·艾肯（David Elkind）在《愛玩才會贏：發揮自然學習力遊戲讓孩子更聰明》中提出，玩是人類的基本天性，並且與愛及工作共同驅使我們在人生的各個階段思考與行動。

玩與學習實為一體兩面，在教學中兼具遊戲因子，即能快速轉換傳統課堂成為有趣學習。在PTS教育中，加入挑戰元素、開放學生發揮創造力這兩個策略，都能讓課堂的吸引力大增！

將課堂學習變成挑戰任務

同樣的學習內容，在課堂上由教師講授教學，以及將學習變成任務，讓學生可以自我設定目標完成任務挑戰，就是完全不同的兩種狀況。

舉例來說，學生準備進入社會前，需要一份完整的自傳及履歷，讓求職單位更容易瞭解學生的能力及特質。一般課堂的操作方式，教師可以透過優良範本的分享與解說，讓學生依範本完成個人作品。如果變成任務，可以邀請學生做角色扮演，模擬面試官或主管，猜想單位主管希望看到什麼樣的求職資料，再請學生蒐集求職網上的相關資訊，做比對分析與資料製作，最後，甚至可以邀請學長姐回校擔任面試官，學生需要實際參與面試的流程。

教師改變「知識傳授－作業繳交－分數批改」的傳統思考模式，雖然課程需要耗費較多時間，但是卻能讓學生透過實作，更清楚瞭解面試的準備方式。

讓課堂中預留彈性的空間

追趕課堂進度、補充課外知識、完成各種作業，還有各種議題要融入教學，當我們塞滿所有課堂時間，學習變得制式化；當課堂保有彈性，學生可以提出他們對於學習的想法。

例如學生可以在「溫度與時間對於物質變化」這個學習主題中，討論他們想要如何研究與應用。通常，學生對於可以快速看到成果的研究比較感興趣。因此，在這個主題當中，學生選用不同厚度的雞胸肉，測試在不同溫度與時間的烹調中，進行食物的口感比較，這次的學習就讓學生充滿研究的動能。因此教師在課堂設計時，不妨思考一下，教學環節中，哪些部分適合開放給學生做規劃。

關鍵字No.5：協作Teamwork／如何面對衝突？

在小組合作或專案／任務型課程中，學生以團隊的方式共創進行問題解決，從能清楚表達、完整聽取他人意見、接受不同觀點、磨合做事習慣等，任務完成的過程就是學習合作的過程，衝突常在其中發生。任務性的課程，無法保有安靜課堂的面貌，如果我們希望學生的學習能對應真實世界，帶領學生學習面對衝突成為重要的功課。高中階段的學生，已經能充分思辨與表達，因此，衝突將是課堂中的重要學習。

下面是教師在衝突產生時，可以有的思考方式與做法分享。

面對衝突的不同想法

第一，衝突是對話的邀請：換個角度思考，因為觀點不同，才會有衝突，而這正是可以表述彼此想法的最好機會！

第二，衝突是在意的表現：因為在意才會「斤斤計較」，這也代表著學生對於任務或事情的投入；因此當衝突發生時，可以先瞭解每個人在意的是什麼？面對不同的想法或做法時，一起找到不完美但可接受的答案。

第三，衝突是學習的契機：發生衝突時，常有憤怒、委屈等不舒服的情緒並伴隨著淚水，情緒性的言語或行為，可能造成人際關係的危機；但如果視之為自我認識、口語表達與情緒舒展的機會，偶發事件就成為學習的契機。而衝突的發生也可帶來更深層次的學習，帶領學生思考，未來再次碰到衝突時，可以如何面對衝突？或是在衝突之前，如何建立更順暢的合作關係？

面對衝突的重要做法

一、主持一場對話：

教師無法知道事情的全貌，因此，教師無法成為衝突事件的決斷者，但是剛剛經歷衝突的人，並無法這麼輕易地緩和自己的情緒，而教師透過對話，可以協助學生思考與表達想法，對於學生將會更有幫助！教師們可以嘗試問一個好問題，讓對話展開，下面是可以參考的問題：

- 對於剛剛的發生，你是如何參與其中的？
- 對於剛剛的發生，是否因此達到你原本的目標／方向／期待呢？
- 在剛剛的過程中，你覺得自己有什麼不同？（請用三個形容詞來描述）
- 如果重來一次，你會選擇以什麼樣的方式來面對這件事情？
- 如果想成為更好的自己，可以如何做？

二、擬定行動方案：

對話幫助彼此思考，要讓合作繼續開展，就需要重新回歸這個團體組成的原因，找到可持續完成任務的策略，擬定行動方案，協助學生更好地進行團體運作。

- 設定目標：團體想要前進的方向，以及團體在完成任務時希望達到的目標。
- 拉出界線：包含團體共同的約定（界線）以及團隊中每個人的限制，例如，某位學生不擅長文字書寫，但是樂於動手實作，他的小組任務就會選擇場地布置、餐點製作等。而團體在任務中，最在意的事情也可以先確認出來，例如對於遲到的容忍度？討論時是否每個人都要說出想法？要在哪邊回報任務進度？先把界線畫好，就會有不同的合作面貌。

關鍵字No.6：分享Share／如何營造對話的氛圍？

開啟對話最困難的事情，在於學生是否信任這個環境，也就是安全感與歸屬感。我們以「平台對話」做為主要的策略，營造出彼此信任的環境與開放對話的空間，讓學生習慣在公眾場合表達自我。平台對話當中，所有成員帶著自己的身分與角色，卻擁有相同的發言權。因此在探討議題時，每個參與者都要學習傾聽，聽懂不同立場者語言背後的想法，同時也練習表達，能夠在團體中敢說、會說，並且能說得有效。

團體成員共同參與對話，在參與者都能看得到、聽得到的情況下，表達對公眾議題的角度，或是在衝突事件中的情緒；換言之，透過對話平台機制，平台上每一個人都要勇於表達自己的想法與感受，透過開啟對話空間，從這些發生中共同面對、共同創造一個有意義的現實。

平台對話規則

- 對話平台是表達想法、情緒的管道，不一定能在現場解決問題。
- 平台發言時只為自己發言，不替他人表達意見，亦不可做人身攻擊。
- 每次的發言都要有清楚的對話對象，一次只能一人說話，被點名者可回應問題，亦可選擇暫不回應。
- 發言完畢，不可立即離開發言區，要尊重他人回應或回饋的說話權利並傾聽。
- 對話平台時間有「言論免責權」，任何人不可事後算帳。
- 對話平台未結束前不可中途離開，如需中途離場需徵求所有夥伴的同意。

關鍵字No.7：家長Parents／如何邀請家長成為合夥人？

當孩子的年齡逐漸增長，尤其當孩子邁入青少年階段後，他們的生活重心從家庭逐漸轉移到同儕之間，過往回家喜愛拉著家長分享的小孩，話說得愈來愈少、字句愈來愈短，親子關係好像漸行漸遠。學校有責任提供家長成長所需的相關課程，和家長分享經驗，包括不同年齡層學生的相處與學習陪伴方式。

另一方面，每個家庭都有其獨特的文化，影響學生的思考與行為模式，家長能幫助教師瞭解學生從小到大的成長脈絡，讓教師做更適切的課程規劃與學習引導的設計。因而，學生的學習陪伴，不會是學校或家長單一的責任，需要雙方協力完成。

以下提供幾種方式，邀請家長成為合夥人：

第一，辦理入學前的學校認識活動，可以透過校園參訪、理念介紹、座談活動等方式，讓家長與學生在選擇前，先瞭解學校的辦學理念與制度。

第二，營造家長與學校互動的環境，增加家長來校的機會。例如邀請家長成為學校的志工，參與學校相關的事務，包含：義賣、協助活動接待及校園植栽維護等。也可以是「業界職人」的角色，分享其專業技能或職業樣貌，讓學生除了規劃的課程外，有機會接觸與認識社會上各種職類的樣態。

第三，邀請願意長期到現擔任志工的家長，成為「輔導學長姐」，協助陪伴新生家長面對適應不同教學環境時，家長會有的擔心或是疑問，同樣都是家長的身分，更能幫助新生家長，做為與學校連結的橋梁。

第四，除了學校日等定期活動外，可以藉由現在的新興通訊軟體，透過文字、圖片或影片，分享學校的近況，讓家長瞭解學生在校的學習。

關鍵字No.8：教師Teachers／如何開始課程？教學團隊如何運作？

教師在進行新的課程前，首先要做的事情是在信任的前提下，開啟對話，陪伴學生共同面對學習。而在適宜的環境氛圍的營造下，學生也同樣地願意相信老師！

教師對話的方向，來自於對學生的認識，包含學生的喜好、對未來的目標、擅長的事情或是家族的文化等，在認識的基礎上，教師就可以在談話過程中，針對生涯方向釐清或是學習方式探索等不同方向與學生對話。然而，走入陌生班級時，教師要如何開始呢？也許可以有下面幾種選擇：

- 說一個教師個人小故事，做為自我介紹的開端。
- 分享課程主題的設計緣由，為學生的學習做暖身。
- 邀請學生介紹自己或班上的其他同學。
- 班級會議討論課堂約定。
- 進行小測驗，瞭解學生課程的先備知識。

在高中階段，我們的經驗得知，當學生與教師有了信任關係，學生比較容易進入學習，也就是願意聽老師的想法與建議。但是年齡愈小的學生，愈需要對環境的安定感，因此，介紹環境與班級的共同約定，才能更快速地幫助學生進入學習。

課程的開始，就像到陌生的餐廳用餐，對於餐點的美味與喜好，通常不只是來自於味覺或嗅覺的感官品評，而是餐廳布置、服務員態度、菜單樣式、餐點價格、同行的用餐者或用餐的目的等多重影響，為這家餐廳做了綜合性的判斷。這個複雜的評斷過程，拉回教室，學生在剛開始接觸老師與課程時，不也是類似的情況嗎？因此，課程開始前，教師可以從認識學習內容、環境空間或參與人員（包含教師）等三個面向進行規劃，將學生與課堂產生連結。

在學校生活中，ＰＴＳ教師用自己最真實的樣貌和學生共同互動與學習，因此，教學團隊在工作樣貌上有些獨特之處，包含：我們接受自己的不完美，但知道在學習的路上；我們樂於與夥伴共同建立合作模式，並且嘗試新事物與創造新的可能；我們樂於探索自己並於團體中分享自己的思考歷程及對事物的感覺……我們相信，教師除了課堂上的教學，更是用自己的行動來告訴學生，我們如何學習、以及如何找到自己夢想的人生樣貌！

ＰＴＳ教育以主題進行教學，而一個教師很難兼顧主題學習中所有的知識點，或是在活動任務中的所有執行技能，就如同我們鼓勵學生找到自己與發展自己的亮點，教師也是如此；因此在發展與執行主題式教學時，教師是以團隊的方式運作，彼此分享專業知能、過往帶領學生的經驗，甚至是資訊科技工具在教學的應用。

滾動性的課程發展

在課程開始後，教師團體會進行每日群體性的教學研討會議，針對中短期進行的教學情況、師生互動與學生情況等進行討論。討論議題涵蓋：

- 教學經驗分享：理解彼此今天在教學工作上的成就感與挫折，期望能互相支持與共同解決困境。
- 特殊學生議題：會議中會針對特殊學生狀況進行討論，ＰＴＳ教育相信，學生在不同的課堂上與教師相處時，會展現不同的能力與樣貌，例如在某些課程中參與不佳的學生，也許換個方式，就會更投入學習。因此，教師透過會議交流，可以共同創造讓學生投入學習的策略。
- 課程開發：教學依主題而前進，教師們需要依主題發生時間點而往前推演課程重點，或者是依學生的學習反應調整課程內容。

- 協調事務：其他相關協同事宜協調，與行政團隊或是其他教學團隊的協調。

關鍵字No.9：學生Students／如何讓學習發生？

人生經常充滿變數，例如購買衣服，我們總是做預先的規劃，包含衣物的顏色、穿著的場合、適合的季節，甚至是擬定預算，但到了賣場，卻受到店家的環境氛圍、店員推薦、折扣促銷等因素打亂原本的規劃；這種無法停止的購物渴望，相信不少人都感受過其中的強烈能量，而這個動能，學生可能更常於網路世界中產生。假設這個動能發生在課堂的學習，相信教師們會覺得這是極為美好的時刻！

如果要讓學生更有動能，來自學生做自己想要與喜歡的事，因此，PTS教育，以「順性發展」的理念，看待並尊重每個學生的差異，幫助學生看見自己的亮點和限制，發揮潛能，並且在學生做選擇時，以對話方式陪伴學生，思考內心真正喜歡與想要投入的是什麼，並在微型社會的環境中，學會關係處理及找到自己人生的使命。課堂中，如何讓學生願意投入？下面的向度，可以單獨或共同使用，對於學生會有不同程度的吸引力。

- 終極目標：當學生有想要達到的人生成就時，會因為這種渴望而產生強烈的學習動力，但是讓年紀小的孩子討論目標不是一件容易的事情；因此，教師可以讓孩子透過觀察藉由文字或圖像，描繪出關於職業、生活、家庭以及人際交往的未來想像。
- 遊戲因子：「好玩」是最容易吸引學生參與活動的主因，每個人對好玩的認定不同，但大部分而言，如果具有挑戰性，以及挑戰後的成就感，如同周郁凱（Yu-kai Chou）以遊戲化理論框架（Octalysis），把遊戲中有趣且引人入勝的元素拆解出來，應用於真實生活中，集點、挑戰得積分、好奇心與不可預測性等，都是可以應用於課程中的元素。
- 自我挑戰：延續上面的遊戲因子，人們樂於證明自己，因此，可嘗試將目標設定與自我挑戰運用於課堂中，例如對於課堂任務的完成時間，就可以交由學生自己擬定，並且可以在每次任務結束時和學生討論，這個任務是如何完成的？是否有其他方式幫我們更快或是更好地完成？

● 團隊支持：當學習任務不只是個人，而是有團隊共同參與時，學生之間會有不同的化學反應產生。透過團隊合作，學生更容易發現自己的特點，例如善於找資料、書寫表達、口語簡報、拍攝照片、美術編輯、動手實作……，團隊成員的差異性愈大，愈可以彼此互補，並且有良好的表現！當然，團隊最迷人之處，在於一群人共同投入時，彼此支持的力量，這股力量對於學生最具吸引力。

教師可以透過不同的角度與學生開展對話，在年齡較小的學生身上，完成選擇的變動性可能會較高，因此，教師對話的目的在於引發學生思考；下面以學生個人能力或者是否想投入為框架，簡單區分可以使用的對話方式：

與不同處境學生開展對話的方式

擅長

Q1 你曾經經驗過或聽其他人分享〇〇〇嗎？那個經驗給帶給你什麼樣的想法或感覺呢？
Q2 現在的你有機會重新選擇，什麼是你想要嘗試或體驗的呢？

Q1 老師很好奇，為什麼會選擇〇〇〇呢？
Q2 過去有什麼樣的經驗或是原因，讓你願意參與？
Q3 對於這個選擇，你有什麼故事想分享給老師的嗎？

不喜歡

喜歡

Q1 在學校的課程／日常生活中，什麼樣的發生是讓你最想要參與的呢？
Q2 可以和老師分享一下這個經驗嗎？
Q3 如果今天我們要做一個課程的選擇，你覺得哪一個課程是你想試試看的？

Q1 老師很好奇，為什麼會選擇〇〇〇呢？
Q2 在這個選擇中，你想要學習或體驗的是什麼？
Q3 你希望在學習或體驗的過程中，老師如何陪伴你一同往前？

不擅長

也許，這會成為你的下一步……

PTS教育三十年經歷的種種大小改革，絕不是一次到位。若想開始嘗試改變，以下任一條路，都會是一個絕佳的起點：

一、重新定位教師角色

將導師制轉為學生顧問的思考，改變導師「包班」的想法，老師更重要的是陪伴與引導學生學習與思考，而不是因為學校配置的導師，管理學生所有生活與學習。同時，開放學生找自己磁場相合的教師，做為學習與生活上的引導。老師的角色就從對學生的管理，改為陪伴、引導學生。

二、讓教師被看見

在努力讓孩子們被看見之前，可以先思考如何讓老師們被看見。教師是每所學校最珍貴的資產，可以先看看這群老師們的特質、能力，問問他們喜歡、擅長、熱衷的事（不見得是本科內容），再從這些事延伸出來結合課程，那每個課程就必會更佳精彩，也會更有創造力。

例如開平有位老師相當喜歡戶外活動，學校就逐步放手讓她帶著整個年級進行攀樹活動，不僅教師有成就感，學生也收穫良多。做喜歡的事，會愈做愈有力量，也會把事情當成自己的事在做。

三、創造讓教師們「在一起」的機會

在學校中一起每日工作的夥伴們，喜不喜歡常常聚在一起，好好說說話？在PTS教育中，每個期初、期末，甚至學期間的某個時刻，常會有機會相聚，互相回饋、分享成就、達成共識、相互打氣，做彼此的後盾。若老師們喜歡彼此，認同這個群體，自然會產生極大的渲染力，感染整個校園氛圍。

四、解構傳統行政框架

學校中既定的行政框架，是經年累月教育制度、政策實施下的結果。然而，若能重新思考每個行政處室存在的價值，是件從基礎層面開始的革新。PTS教育曾經做過幾件大膽的事：

- 取消訓導處，解除學校對學生的管束思維，包含廢除整潔秩序比賽，以及因作業抽查、遲到、對師長不禮貌而有的警告處分，轉為如何陪伴、教育學生的思維。放鬆行為管束，讓學生學習在團體中遵守界線，並且提供彈性空間，讓學生探索自我、建立自我認同，以及學習人我關係。
- 取消教務處，將教師配課、排課表與進度等統一規範的事項取消，讓規劃課程的教師以團體方式自主安排課程的執行方式。這也是要進行主題課程（超學科的統整性課程）較容易執行的方式，教師就有更高的自主性進行教學策略與教學行事曆的安排。例如，教師可以安排大團體授課、年級跨班選修，或是視學生學習情況，調整課程進程等。
- 取消制式的期中、期末考，而是讓學生在每個階段學習後，用多元方式檢核學習成果。

五、學習對應社會真實的需求

孩子們在學校進行課程時，能不能將他們所學習的，直接對應到社會的需求，例如：資訊能力、團隊合作、思辨能力。當外頭不斷在轉動、飛速前進的時候，學校裡頭的課程是否仍萬年如一、以不變應萬變？或許可以盤點學校的特色，與周遭社區的資源，一步步開創亮點課程，對應社會的趨勢，讓學生的學習更有感，也清楚為何而學。

後記

三十年的準備，讓學習有機會發生

「你要如何使用你這條命？」——從「我們」的使命到「我」的使命

每一年的寒暑假，在多數學校的教師們休息、度假的時候，開平的教師們全部聚集在一樓一〇六教室，進行為期三日的教師培訓。

夏創辦人發現大夥兒在學期間往往趕著忙碌的步伐，常「低頭拉車，而沒有抬頭看路」。在瑣碎的事務中容易迷失方向，忘了學校的理念，忘了剛入校時，我們對教師身分的自我許諾。

這背後傳遞的理念是：「我們是誰？」「我們要成為什麼？」「我們要帶來什麼影響？」因為比起進度、工作、任務，「搞清楚自己是誰」更加重要。而寒暑假，正是全校將公事丟在一旁，重新連結彼此、望向遠方的時候。在深度理解學校的理念時，教師也要回歸自我，唯有認識自己的教師，才能帶領學生認識自己。

「你的使命是什麼？簡單的說，就是在這一生，你要如何使用你這條命？」確立了全校的使命後，夏創辦人仍不「放過」我們，提出了這個如利刃般的問題。

雖然問題犀利，但夏創辦人的聲音溫潤、態度坦然。他說，這個自我釐清是重要的，若個人的使命能和學校的使命有所連結，那做起事來，會更有意義、幹勁，也能更成就自己。但若當誠實面對自己後，發現個人的使命和學校毫無關聯，那也許真的可以考量是否要繼續留在這裡。

他不怕經過釐清後，我們一個個落跑、離去；他怕的是我們不認真釐清，渾渾噩噩搞不清楚留下來的意義和價值。

聽完了夏創辦人的話，我內心響起了一陣悶雷，腦袋化成糨糊，即便我搜索枯腸，也找不到一個自身獨具的使命。

直到兩個月後，我才字字斟酌，熬煉出一段個人使命：「我，要成為一位分享自身故事、與人共創故事、陪伴經歷故事、重寫生命故事，用故事力陪伴孩子長出力量的老師。」

往後的每年寒暑假，這樣的聚集彷彿成了一個神聖的儀式、暖心的聚會，不論再忙、時間再短促、外界的考驗再嚴峻，我們總會齊聚一堂，一同複習教育的使命與願景。在這樣的時刻中，我們幫身旁的人拂去身上的塵土、拭去疲乏的汗水，提醒初衷仍在、初心不變，我們仍心繫一處，仍可邁步向前。

一年又一年過去，這使命和願景猶如波斯地毯，由七重、八重的線交織，來回穿梭，逐漸墊厚成一塊花紋綺麗、豐富的貴重地毯。

如果創新教育是一片蠻荒、原始而絕美的叢林

PTS教育三十年的歷程蜿蜒曲折，一路上惴惴忐忑，好不容易也摸著石頭過河。在這本書的最後，我試著以一個比喻作結：

如果創新教育是一片蠻荒、原始而絕美的叢林，人們站在高聳入雲的叢林跟前，欣賞這片叢林帶給人驚詫的美感，並對自然的呼喚心生嚮往，躍躍欲試；卻還摸不著頭緒，無從下手，也不知道要攜帶哪些器具、具備哪些能力，才能於其中倖存，甚而豐收歸來。

然而，早已有位先行的冒險家在這座叢林裡生活了三十年，這是他熟悉的家園，他身上沾滿在錯中學裡打滾的泥土，臉上也滿是樹枝利葉割傷的疤痕，生活呼吸和自然共處，也練就一身絕處逢生的技藝。

當這位身經百戰的冒險家，走出叢林，愕然撞見佇足欣賞的人們，會有什麼樣的火花？

當然，沒有所謂的「正確、唯一的」創新教育，但走在改變教育的路上，我想PTS教育可以傳遞經驗，讓願意開始探索的人順著自己的脈絡，找到屬於自己的生存方法，遇見自己心中那片動人的叢林。

在眾多夏杯曾說過的話之間，我一直無法忘懷其中一句：「在這樣的學校中，能成就學生、成就家長、成就老師，讓愛流動。」

這七年多在這所學校的日子，夏杯的這句話一一在我和我所接觸的人身上應驗、成就。

期待這本書，能妥貼地陪伴所有想要踏出腳步，或已經踏出腳步的老師、家長，以及關心教育的朋友們，期待它必能成就你們，成為你們啟動改變的力量。

致謝

這本書是一個見證，將我們這多年來所看見的、聽見的、受感動的，用文字書寫下來。

如同在書的開頭所寫，總覺得我們很幸運，雖然自己只是一個微小的聲音，卻納涵在千百個聲音之中；在三十年綿延的浪潮一波又一波，如同海邊細碎的浪花接力下，享受這得來不易的成果，並貢獻我們的一份力，將共同經歷的故事，共同想傳達的精神，戒慎恐懼、滿懷感恩地說出來。

感謝PTS教育的創辦人夏惠汶院士——開平師生口中親切呼喚的「夏杯」。在本書寫作初期，曾訪談過夏杯，請他漫談PTS教育這三十年大大小小的故事，聽他柔軟如水的聲音，也隨著他走過幾十年的飄渺風雨，看見從初苗發軔至今的過程，對我們來說，這比任何史詩電影還要磅礴、壯闊。沒有多年前那個男孩所受的傷，就不會有今日帶給眾人生命的滋養。夏杯融合了老莊哲學和後現代精神，讓台灣終於有了從本土長出來，符合台灣孩子們需求的開放教育。

感謝馬嘉延校長，總是關懷、支持、陪伴。感謝夏豪均主委，一次次提醒我們學校使命、願景的重要，以管理的思維，拉高我們的層次。感謝張家聲副校長，他以身作則，用生命陪伴學生的故事，是教師們最好的榜樣。

感謝政治大學教育系的陳榮政教授與和平實小的黃志順校長，從他們智慧的言語中，我們總是能得到啟發，不斷思考教育的本質。

感謝國際敘事治療大師吳熙琄老師，她的對話功力和永遠微笑滿面地傾聽，是PTS教育不可或缺的軟性力量。

感謝芊妤，有著最高等級的文字敏感度，認真一字字細讀每一篇文章，給我們回饋、鼓勵、打氣。

感謝Kyle，在和她訪談第一年當老師的故事時，那股衝勁和熱度，總提醒著我們一開始踏入教育界的初衷。

感謝這些年在開平與我們一起共創的教師團隊，雖然無法一一細數、列舉姓名，但每一位都是不可或缺的好夥伴，一年又一年，共同寫下屬於我們的歷史。

感謝景懋爸爸提供的故事，那段陪伴兒子的心路歷程，是每位家長的共同寫照。

感謝出現在本書故事裡的學生與他們的故事。謝謝梓恩，聽他說起自身改變的故事時，總是會震撼地起雞皮疙瘩；感謝婷恩的家族菜故事，那種親情的羈絆，總讓人眼眶溼潤；謝謝葳葳，看見她三年來情緒改變的歷程，是我們莫大的驕傲；謝謝雷豫，他自學的經驗，翻轉了自己，相信也能帶給其他人幫助；也感謝無法一一寫到的所有孩子們，身為教師的我們，總能從他們專注學習的姿態中，找到自己前進的動力。

最後，感謝時報文化的文娟、宏霖、多誠、怡凱，經過多次細心的開會討論，讓這本書的觸感更柔軟，更有溫度，也更具人味。

教養生活CU0067

丟掉課本之後，學習才真正開始：啟動學習的9大關鍵字

作者—吳緯中、馬嶔
副主編—廖宏霖
校閱—李麗玲
校對—藍怡凱
封面暨版型設計—文皇工作室
內頁排版—立全電腦印前排版有限公司
企劃—金多誠

總編輯—曾文娟
董事長—趙政岷
出版者—時報文化出版企業股份有限公司
一〇八〇一九台北市和平西路三段二四〇號七樓
發行專線—（〇二）二三〇六六八四二
讀者服務專線—〇八〇〇二三一七〇五
（〇二）二三〇四七一〇三
讀者服務傳真—（〇二）二三〇四六八五八
郵撥—一九三四四七二四時報文化出版公司
信箱—一〇八九九臺北華江橋郵局第九九信箱

時報悅讀網—http://www.readingtimes.com.tw
時報文化臉書—https://www.facebook.com/readingtimes.fans
法律顧問—理律法律事務所 陳長文律師、李念祖律師
印刷—勁達印刷有限公司
初版一刷—二〇二一年四月九日
定價—新台幣三五〇元

時報文化出版公司成立於一九七五年，
一九九九年股票上櫃公開發行，二〇〇八年脫離中時集團非屬旺中，
以「尊重智慧與創意的文化事業」為信念。

丟掉課本之後,學習才真正開始：啟動學習的9大關鍵字/吳緯中,馬嶔合著. -- 初版. -- 臺北市：時報文化出版企業股份有限公司, 2021.04
面； 公分
ISBN 978-957-13-8773-4(平裝)

1.教育理論

520.1 110003662

ISBN 978-957-13-8773-4（平裝）
Printed in Taiwan